Ursula Kruse

Erzengel - unsere vergessenen Helfer

Engel sind immer um uns und warten darauf, uns mit ihren Botschaften in ein erfolgreiches Leben führen zu können.

www.tredition.de

©2020 Ursula Kruse

1. erweiterte Auflage
Erzengel – Unsere vergessenen Helfer
Verlag und Druck: tredition GmbH, Halenreie 40-44, 22359 Hamburg
Umschlaggestaltung: Constance Kramer, www.coverboutique.de
Titelillustration: © chachamp – stock.adobe.com
Zeichnungen: Mona Großkopf
Lektorat: Manfred Enderle, www.manfred-enderle.de

ISBN:
Paperback: 978-3-7482-7597-8
Hardcover: 978-3-7482-7598-5
E-Book: 978-3-7482-7599-2

Das Werk, einschließlich seiner Teile, ist urheberrechtlich geschützt.
Der Inhalt dieses Buches wurde nach bestem Wissen erstellt. Die in diesem Buch enthaltenen Informationen sind mit keiner Verpflichtung irgendeiner Art verbunden. Für die Vollständigkeit und Richtigkeit des Inhalts werden vom Autor und Verlag keine Garantie oder Gewähr übernommen.
Ebenfalls wird vom Autor keine Erfolgsgarantie übernommen. Für ein Nicht-Erreichen der Ziele übernimmt der Autor keine Verantwortung. Es wird keine juristische Verantwortung oder Haftung für Schäden übernommen, die durch irgendeine Art der Benutzung dieser im Buch enthaltenen Informationen entsteht.

Alle Rechte vorbehalten. Jede Verwertung, insbesondere die elektronische oder sonstige Vervielfältigung, Übersetzung, Bearbeitung oder Verbreitung und öffentliche Zugänglichmachung ist ohne ausdrückliche Genehmigung des Verlages und des Autors unzulässig.
Bibliographische Informationen der Deutschen Nationalbibliothek:
Die deutsche Nationalbibliothek verzeichnet diese Publikation in der Deutschen Nationalbibliografie; detaillierte bibliografische Daten sind im Internet über https://www.dnb.dnb.de abrufbar.

Inhaltsverzeichnis

Erste Lebenserfahrungen	7
Gott und die Kirche	14
Mein erster Engelkontakt	21
Die Erzengel	24
Leben heißt Lernen	27
Ärger ist eine seelische Grippe	29
Die Gesetze der Polarität	31
Wir sind weder gute noch schlechte Menschen	33
Liebe ist die stärkste Macht auf Erden	35
Was bedeutet heilig sein?	39
Erzengel helfen uns	41
Alle sieben Erzengel auf einen Blick	43
Erzengel-Altar	46
Erzengel Michael	**51**
Engel der Kraft und des Schutzes	53
Anrufung Erzengel Michael	58
Die Kraft	69
Erzengel Gabriel	**70**
Engel der Reinheit und der Auferstehung	72
Anrufung Erzengel Gabriel	77

Vertraue darauf	85
Erzengel Camael	86
Engel der Anbetung	88
Anrufung Erzengel Camael	93
Lieben wir	101
Erzengel Raphael	102
Engel der Heilung und des Humors	104
Anrufung Erzengel Rafael	110
Unsere innere Stimme	122
Erzengel Zadkiel	123
Engel der Anrufung und Umwandlung	125
Anrufung Erzengel Zadkiel	131
Alles Gute	139
Erzengel Uriel	140
Engel des Friedens	142
Anrufung Erzengel Uriel	148
Engel kommen	158
Erzengel Jophiel	159
Engel der Erleuchtung	161
Anrufung Erzengel Jophiel	166
Öffne dein Herz	175
Nachwort	176

Erste Lebenserfahrungen

Engel waren für mich in der Kindheit stets eine schöne Beigabe für das Weihnachtsfest. Ich fand sie wunderschön mit ihren langen Gewändern und den großen Flügeln. Für mich war klar, dass sie bei Gott im Himmel wohnen und seine Diener waren.

Dass jeder Mensch einen Schutzengel hat, wusste ich von meiner Großmutter. Sie hatte sogar ein Bild im Flur hängen, auf dem ein Schutzengel Kinder sicher über einen Steg führt.

Wenn ich einmal „Glück im Unglück" hatte, gingen meine Gedanken sofort zu diesem Engel, bei dem ich mich dann bedankte. Dadurch bekam ich einen festen Glauben an eine unsichtbare Führung.

Nachdem ich im Religionsunterricht von Gott und Jesus erfuhr, verstärkte sich dieser Glaube. Ich war fasziniert von den Heilungen, die Jesus vollbrachte.

So etwas würde ich auch gerne können.

Meine Großmutter schenkte mir eine alte Lutherbibel und ich suchte immer wieder die Stellen auf, in denen ich über die Wundertaten Jesus lesen konnte. Ebenfalls faszinierten mich seine Aussagen über die Feindesliebe, seine Gleichnisse und vieles mehr.

Er verurteilte niemanden und seine Aussage „Gott verzeih ihnen, denn sie wissen nicht, was sie tun" habe ich immer im Ohr, wenn heute Menschenrechtsverletzungen geschehen.

In der Kirche wollte ich mehr von Gott und von Jesus Wundertaten hören, doch der Fokus lag mehr auf dem Bösen in der Welt, auf den Ungerechtigkeiten, auf den sündigen Menschen und auf dem strafenden Gott, was mich sehr traurig machte.

Viel zu wenig wurden die guten Taten gepriesen, wurde auf das Schöne in der Welt hingewiesen. Als wenn nur das Negative erwähnenswert wäre. Dabei steht in der Bibel unter Römer 12,2:

Passt euch nicht den Maßstäben dieser Welt an.

Wenn jemand erzählte, wie viel er gespendet hat, wo er geholfen hat, kamen gleich abwertende Kommentare: »Das ist ein Angeber. Der muss sich immer in den Mittelpunkt stellen. Der sonnt sich gern in seinen Taten. Ein Großkotz. Ein Wichtigtuer.«

Nein, es muss heißen, tue Gutes und rede darüber. Animiere andere Menschen, ebenfalls Gutes zu tun. Dies muss als Verstärker eingesetzt werden. Jesus scharte Menschen um sich, um ihnen von der Gottesliebe zu erzählen und was alles möglich ist, wenn sie fest im Glauben sind. Er animierte auch sie, noch mehr Menschen von den guten göttlichen Taten zu berichten.

So steht es auch bei Matthäus 5,14:

Ihr seid das Licht der Welt.
Eine Stadt, die auf einem Berg liegt, kann nicht verborgen bleiben.
Auch brennt keiner eine Lampe an, um sie dann unter eine Schüssel zu stellen.

Im Gegenteil, man stellt sie auf einen erhöhten Platz, damit sie allen im Haus leuchtet.
Genauso muss auch euer Licht vor den Menschen leuchten, sie sollen eure guten Taten sehen und euren Vater im Himmel preisen.

In der Kirche fand ich es sehr ermüdend, jeden Sonntag und immer wieder die alten Geschichten aus der Zeit Jesu zu hören. Dies alles ist inzwischen über 2000 Jahre her. Kaum jemand interessiert sich heute noch dafür, wer in dieser Zeit was gesagt hat. Es passt einfach nicht mehr zu unserem heutigen Geschehen.

Meine Mutter empfand es wohl ähnlich. Etwa alle vier Wochen bekam ich von ihr zu hören: „Ich muss mal wieder in die Kirche. Ich muss mich mal wieder sehen lassen."

Auch andere Menschen redeten so und ich fragte mich, warum es der Kirche nicht gelingt, die Menschen mit den wundervollen Botschaften von Gott und Jesus in ihren Bann zu ziehen, ihnen zu sagen, wie wertvoll jeder Einzelne ist und wie stark er sich fühlt, wenn er sich mit der göttlichen Liebe verbindet und was alles im festen Glauben möglich ist.

Ist das wirklich der Sinn eines Kirchenbesuches, dass man sich sehen lässt? Andere Menschen sollen sehen, dass ich in die Kirche gehe und hoffentlich von mir denken, dass ich ein guter Mensch bin?

Meine Mutter hat mit meinem Bruder und mir viel geschimpft und uns auch geschlagen. Wenn sie dann in die Kirche lief, hatte ich sehr ambivalente Gefühle. In der

Kirche betet sie und zu Hause schimpft und schlägt sie uns bei jeder Kleinigkeit. Wie passt das zusammen?

Im 4. Gebot heißt es: „Du sollst Vater und Mutter ehren." Es fällt aber sehr schwer, Eltern zu lieben und zu ehren, wenn sie überwiegend schimpfen und auch schlagen. Da ist keine Liebe zu erkennen. Wenn meine Mutter wieder einmal von uns Kindern enttäuscht auf dem Stuhl saß und verzweifelt sagte: „Das ist nun der Dank von euch. Ich opfere mich auf und ihr seid nur frech und unverschämt", so dachte ich nur für mich: „Liebe Mutter, sei doch etwas netter zu deinen Kindern, dann können wir Kinder auch netter zu dir sein." Sagen konnte ich es nicht, dann wäre ich wieder unverschämt gewesen und es hätte erneut Schläge gesetzt.

Wieso sollen die Eltern ihre Kinder nicht auch ehren? Eltern müssen den Kindern nun einmal zeigen, wie man freundlich und wertschätzend miteinander umgeht. Wie und wo sollen sie es denn sonst lernen?

Wir wurden als Blagen und dumme Gören bezeichnet, die es zu züchtigen galt, damit etwas Anständiges aus ihnen wird. Viele Kinder wurden durch diese Art der Erniedrigung mit Selbstwertproblemen ins Leben entlassen und leiden ein Leben lang unter dieser rigiden Erziehung.

Züchtigen soll aber nicht schlagen bedeuten, sondern, dass die Kinder züchtig, das heißt, sittsam, tugendhaft, verantwortungsbewusst und zu starken Persönlichkeiten erzogen werden.

Die Kirche hat den Begriff züchtig in züchtigen verdreht. Ich habe früher in der Predigt sogar gehört, dass der Pastor selbst das körperliche Züchtigen guthieß, um so die Kinder auf den rechten Pfad zu bringen. Viele

Kinder bekamen statt Liebe nur Hiebe und strahlten statt Selbstbewusstsein, Angst und Minderwert aus.
In vielen kirchlichen Einrichtungen und Klöstern wurden Kinder mehr als nur gezüchtigt. Sie wurden gequält, misshandelt, gedemütigt und auch missbraucht. Jeden Tag mussten sie beichten, obwohl sie nichts Unrechtes tun konnten.

Eine frühere Arbeitskollegin von mir musste ihre Kindheit in einem bayrischen Kloster verleben und erzählte auch von der Beichte. Sie wurde zur Beichte gezwungen, obwohl sie nichts zu beichten hatte. So hatte sie sich etwas ausgedacht oder erzählt, dass sie schlechte Gedanken hatte und wurde dafür aufs Übelste bestraft. Sie wurde oft stundenlang in einen dunklen Raum eingesperrt und bekam weder Essen noch Trinken. Wer es wagte, zu Hause darüber zu sprechen, bekam dort noch extra Schläge, weil ihnen unterstellt wurde, dass sie lügen.
Wenn Eltern in diese Institutionen gingen, um zu sehen, ob etwas Wahres daran ist, hatten die Erzieher ein so freundliches Gesicht, dass sie die Erzählungen ihrer Kinder einfach nicht glauben konnten.

Auch unter den Eltern selbst herrschte selten ein liebevolles und respektvolles Miteinander. Der Ehemann dominierte meist über die Frau und wenn er es nicht tat, wurde er als Waschlappen bezeichnet, bei dem die Frau die Hosen anhat oder bei der er unter dem Pantoffel steht.
In der Kirche wurde dieses weiter geschürt. Die Frau hatte dem Mann untertan zu sein, hatte ihm zu gehorchen, ihm zu dienen. Wagte es eine Frau, sich scheiden zu lassen, war es eine Katastrophe. Sie wurde sogar von

ihrem eigenen Geschlecht verdammt und schuldig gesprochen, auch wenn der Mann fremdgegangen, Alkoholiker oder ein Schläger war.
Frauen, die selbstbewusst ihr Leben in die Hand nahmen, wurden zu meiner Zeit als Mannweiber verschrien. Frauen, die Familie hatten und trotzdem arbeiten gingen, wurden als egoistische Rabenmütter bezeichnet, die nur an sich oder an das Geld dachten.

Heute hat es sich zwangsläufig geändert, da Mütter wegen der hohen Lebenshaltungskosten und Mieten oft mitverdienen müssen, aber auch, weil die Zeit der Vorschriften vorüber ist.
Das Männerbild hat sich ebenfalls verändert. Heute gibt es „Hausmänner". Mancher Mann übernimmt den „Hausfrauenpart", weil sich seine Frau in einer führenden beruflichen Position befindet und mehr Geld verdient als er, was früher als Unding angesehen wurde.

Viele falsche Glaubenssätze wurden in den Köpfen verankert. „Du musst bescheiden sein", war ein Lieblingssatz meiner Mutter. Ich merkte zwar, dass ich mich damit oft selbst benachteiligt habe, aber anders hätte ich mich auch nicht wohlgefühlt. Der Satz war in mir tief verankert. Bis ich dann einen Witz las, der mich zum Umdenken brachte:
Klein Fritzchen kam auf einem Geburtstag zu spät. Es waren nur noch zwei Stückchen Kuchen da. Ein kleines und ein großes Stück, welches sein Freund ihm anbot. Klein Fritzchen nahm das große Stück, wobei sein Freund sagte: „Bist du aber unverschämt. Nimmst einfach das große Stück." „Ja", antwortete Klein Fritzchen, „welches Stück hättest du denn genommen?" „Ich hätte

das kleine genommen." „Na, siehst du. Das hast du doch jetzt auch!"
Ich musste es regelrecht trainieren, auch einmal nach vorne zu preschen, auch einmal die Erste zu sein, auch einmal das große Stück Kuchen zu nehmen.
Allerdings musste ich mich beim Kuchen zuerst immer rechtfertigen: „Ich nehme heute mal das große Stück, weil ich so einen großen Hunger habe."
Heute bestimme ich selbst über mein Verhalten, aber immer so, dass ich niemanden schädige. Wenn ich in bestimmten Situationen nicht so recht weiter weiß, frage ich mich: „Wie hätte Jesus sich in dieser Situation verhalten, oder welchen Rat würde mir mein Erzengel geben?"
Das macht meinen Kopf frei und es fließen auf einmal Vorschläge oder Ideen.

Gott und die Kirche

Vieles, was die Kirche im Namen Gottes predigte und wie sie die Bibelworte auslegte, konnte ich nicht nachvollziehen. Da ich selber in der Bibel las, hatte ich manchmal das Gefühl, dass die Kirche eine andere Bibel hat. Nach meiner Bibel und nach Jesus' Aussagen gibt es keinen strafenden Gott. Gott ist reine Liebe und Jesus macht uns immer wieder klar, wenn wir selbst in der Liebe sind, dann spüren wir Gott in uns.

Ich ging ungern zur Kirche, weil ich keine Lust hatte, mir anhören zu müssen, was die Menschen doch für Sünder sind, dass sie eines Tages vor Gott stehen und Rechenschaft für ihre Taten ablegen müssten und Gott sie dann entsprechend strafen würde.

Die Kirche spricht von Gott und „Er" und will uns erzählen, was „Er" von uns verlangt, wie wir leben sollen, um sein Wohlgefallen zu erhalten.

Der Mensch braucht eine Leitfigur, an die er sich in Not oder schlechten Zeiten wenden kann, die ihn stärkt und tröstet. Es ist auch „etwas" da, was uns in diesen Zeiten Kraft und Mut gibt. Aber was ist das?

Da die Welt ja schon so alt ist, hat die Kirche den Menschen einen uralten Mann präsentiert, der mit einem langen Wallebart im Himmel auf einem Thron sitzt und auf die Menschen herabschaut. Von hier aus kann dann dieser als Gott bezeichnete alte, weise Mann auf das Gute und das Böse jeden einzelnen Menschen schauen und

sie ihren Taten gemäß entsprechend richten oder belohnen. So hatte ich es mir als Kind auch vorgestellt, weil meine Mutter immer mit erhobenen Zeigefinger sagte: „Der liebe Gott sieht alles!"
Irgendwann konnten die Menschen in den Himmel schauen und sahen nichts als Unendlichkeit, wo kein Gott auffindbar war. Die Kirche redet weiterhin von Gott im Himmel und es wird selten hinterfragt, wer oder was mag Gott wirklich sein?
In der katholischen Kirche gilt es als Gotteslästerung, wenn Gott im Himmel und weitere Dinge angezweifelt werden.
So hatte der Astronom Galileo Galilei (1564-1642) Anfang des 17. Jahrhunderts die bahnbrechende Entdeckung des Nikolaus Kopernikus bestätigt, dass nicht die Erde das Zentrum des Sonnensystems ist, wie es in der Bibel behauptet wurde, sondern die Sonne.
Er hatte durch Beobachtungen herausgefunden, dass die Erde sich nicht nur um die Sonne, sondern auch um sich selbst dreht.
Die katholische Kirche beharrte aber auf der alten Bibelaussage, obwohl es schon Stimmen aus den eigenen Reihen gab, die eine wörtliche Auslegung der heiligen Schrift ablehnten und schon die Meinung vertraten, dass Glauben und Wissenschaft getrennte Sphären seien.
Galilei wurde angemahnt, es als „Irrtums des Glaubens" anzusehen und von einer weiteren Verbreitung der Entdeckung abzusehen. Als tiefgläubiger Christ hatte er aber die Absicht, die Kirche vor einem verhängnisvollen Irrtum zu bewahren.

Etliche Jahre später trat er aber wieder für die Entdeckung Kopernikus' ein und es wurde ein Verfahren gegen ihn eröffnet. Nachdem er geschworen hatte, „stets geglaubt zu haben, gegenwärtig zu glauben und in Zukunft mit Gottes Hilfe glauben zu wollen all das, was die katholische und apostolische Kirche für wahr hält, predigt und lehret", erhielt er Kerkerhaft, die aber dann in Hausarrest umgewandelt wurde.

Doch der Wahrheitsgehalt dieser Entdeckungen ließ sich nicht mehr leugnen, da sich immer mehr Astrologen und Wissenschaftler damit beschäftigten und den Wahrheitsgehalt bestätigten. Erst im Jahre 1992 wurde Galilei von der römisch-katholischen Kirche rehabilitiert, was auch die geistige Unbeweglichkeit der Kirche symbolisiert.

Googeln Sie selbst einmal Nikolaus Kopernikus und Galileo Galilei. Es sind echt spannende Einblicke in das Leben und Wirken dieser alten Wissenschaftler.

Heute wissen wir, dass uns vieles von der Kirche aufoktroyiert wurde, um die „Gläubigen" in Abhängigkeit zu halten. So wurde ihnen z. B. Enthaltsamkeit und Tugend gepredigt.

Da die Menschen als Sexualwesen dies nicht einhalten können, entwickeln sie Schuldgefühle und empfinden sich als Sünder. Ein Umstand, den die Kirche nutzte, um Macht auszuüben und die Menschen emotional zu erpressen. Die Menschen verkümmerten innerlich, weil sie sich durch die Kirchenhörigkeit viel Sinnesfreude nehmen ließen.

Hinter etlichen kirchlichen Gemäuern wurde aber weder Enthaltsamkeit noch Tugend gelebt. Viele Kirchendiener befriedigten ihre Sexualtriebe mit Kindesmissbrauch und Vergewaltigungen. Sie waren mit ihrer Unzucht weit weg von den eigenen Predigten. Schwangere Nonnen wurden zur Abtreibung gezwungen und geborene Kinder getötet.

Doch die Kirchendiener hatten die „Gnade" der Beichte und der Beichtvater erteilte die Lossprechung von den „Sünden". Statt diese aber öffentlich zu machen, um dieser Unzucht einen Riegel vorzuschieben, versteckten sie sich hinter dem Beichtgeheimnis und schwiegen. So konnten die unmenschlichen Taten weiter betrieben werden.

Mit dem Zölibat hatten sich die Priester rational für den Priesterberuf entschieden, nicht wissend, dass der körperliche Trieb stärker ist als die Ratio, als die Vernunft.

Sexualität ist ein Bedürfnis, das menschlich und normal ist, da ein Sexualtrieb etwas Lebenserhaltendes ist.

Durch das Zölibat wurde dieser verbotene Trieb durch Missbrauch und Vergewaltigung ausgelebt. Die „Täter" wurden trotz Beichte von Schuldgefühlen heimgesucht, da die moralische Instanz in ihnen aktiv blieb. Die Angst vor Entdeckung, und dass bei Gott die Bestrafung für diese „Sünden" wartet, erzeugte eine innere Zerrissenheit.

Dieser ganze Kampf zwischen Trieb, Ratio und Angst spaltet die Persönlichkeit. Auf der einen Seite das Gesicht eines „Gottesdieners", der den Menschen von den Tugenden und Geboten erzählt. Auf der anderen Seite das Trieb-Gesicht des Gottesdieners, der seinen sexuellen Druck anscheinend nur unter perversen Bedingungen ausleben kann.

Ein von den kirchlichen Zölibat-Vorschriften verursachter würdeloser, erbärmlicher und beschämender Zustand.
Immer noch ist die katholische Kirche nicht bereit, diese in die Unmoral führende Zölibats-Klausel zu entfernen, um auch den Kirchendienern eine menschenwürdige und beglückende Sexualität zu ermöglichen.

Eines Tages las ich ein Buch von Joseph Murphy, in dem er die Bibel und die Worte Jesus aus einer anderen Sicht erklärte. Mir gingen die Augen auf. Er interpretierte die Bibelworte so, wie ich es beim Bibellesen immer irgendwie gefühlt hatte. Es war wie eine Bestätigung meiner Gedanken. Aus dem strafenden Gott wurde ein liebender Gott, der, wie auch ich meinte, seine Energie nicht mit negativen Handlungen verplempert. Gott ist reine Liebe, da hat Negativität keinen Platz.

Bei 1 Johannes, 7 steht dazu:

Liebe Freunde, wir wollen einander lieben, denn die Liebe kommt von Gott.
Wer liebt, ist ein Kind Gottes und zeigt, dass er Gott kennt.
Wer nicht liebt, kennt Gott nicht, denn Gott ist Liebe.
Und weiter: Wer in der Liebe lebt, der lebt in Gott und Gott lebt in ihm.

Sehr oft hatte ich als Bibelspruch gelesen. „Bittet, so wird euch gegeben" und habe gedacht, natürlich, wenn ich Menschen um etwas bitte, dann erfüllen sie diese Bitte meist auch.

Aber Joseph Murphy ermunterte seine Leser, diesen Spruch auf Gott anzuwenden, es mit einer Bitte einfach auszuprobieren und zu schauen, was dann geschieht. Wenn man nichts ausprobiert, erfährt man auch nichts.

Ich nahm Murphy beim Wort und wünschte mir eine Gardine für ein bestimmtes großes Flurfenster in meinem alten Haus. Ich beschrieb, wie sie in etwa aussehen sollte und bedankte mich dafür, dass ich sie bekomme. Und siehe da, zwei Monate später hatte ich meine Gardine. Ich ging mit einer Freundin über einen Flohmarkt vor dem Louvre in Paris und wurde von einem Ständer, über dem mehrere Gardinen hingen, regelrecht angezogen. Ich nahm die erste Gardine, betrachtete sie und wusste sofort, dass dies meine Wunscherfüllung ist.
Sie hatte die richtige Größe und war wunderschön gehäkelt. Mir wurde ganz eigenartig zumute. Die Gardine passte hundertprozentig in mein Flurfenster, sie war schöner, als ich sie mir je hätte vorstellen können. Nun hatte ich die Gewissheit, dass Bitten funktioniert. Dieses geschah im Jahre 1985.
Ich hatte noch mehrere Wünsche, fand es aber unwürdig, Gott mit solch niederen, materiellen Dingen zu behelligen. So überlegte ich, wen ich bei der Wunschbestellung wohl noch ansprechen könnte und mir kam das Wort „Lichtfreunde" in die Gedanken. An Engel hatte ich derzeit nicht gedacht.
Meine Lichtfreunde erfüllten mir ebenfalls meine Bitten, ob es nun um berufliche oder private Dinge ging. Sogar mein jetziger Partner ist eine Wunscherfüllung. Als er mir einige Monate nach meiner Bitte begegnete, wusste ich auch hier sofort, dass er die Erfüllung meiner Bitte ist. Wir sind nun schon viele Jahre glücklich zusammen.

Mein Leben wurde durch die Wunscherfüllungen sehr viel einfacher und ich bin voller Dankbarkeit.
Manchmal wurde der Bibelsatz „Bittet, so wird euch gegeben" vom Pfarrer so nebenher vorgelesen. Aus Interesse fragte ich nach dem Kirchbesuch immer irgendeine Bekannte, ob sie den Satz gehört hätte. Alle verneinten. Hört beim Gottesdienst überhaupt jemand zu? Oder geht „man" immer nur in die Kirche, um gesehen zu werden und hofft, dass der Gottesdienst bald vorüber ist?
Ich hörte auch von dem Heiligen Antonius, der verloren gegangene Sachen wiederfindet. Auch dies ist es ein Phänomen: Ich erzähle dem Heiligen Antonius was verschwunden ist. Bitte ihn, dass er es für mich findet und bedanke mich gleichzeitig für seine Hilfe. Plötzlich kommen Gedanken, die sagen, schau doch einmal dort nach ... Er ist ein fast 100%iger Finder.

Mein erster Engelkontakt

Eines Sonntags besuchte ich ein Frauen-Wohlfühl-Seminar. Zum Abschluss machten wir eine Meditation und bekamen den Hinweis, dass es nach dem gesprochenen Text eine siebenminütige Pause der Stille gibt, in der etwas für uns Wichtiges geschehen könne. Nach diesen sieben Minuten bekämen wir eine Botschaft.
Ich war gespannt, was in dieser Pause wohl geschehen würde und sehr erstaunt, als über mir plötzlich ein lebensgroßer Engel erschien, der ein aufgeklapptes Buch in den Händen hielt. Auf dem Einband stand „Dein Geheimnis".
Ich wollte neugierig in das Buch hineinschauen, aber es ging nicht.
Dann hörte ich die Stimme des Seminarleiters: „Nun bekommt ihr eure Botschaft."
Es geschah etwas Erstaunliches. Der Engel kam herunter und ergriff Besitz von mir. Auf einmal war ich dieser Engel.
Es war ein unbeschreiblich überwältigendes Gefühl. Ich war kaum in der Lage, einen klaren Gedanken zu fassen, mein Kopf schwirrte. In mir floss plötzlich eine starke, aber trotzdem wunderbar sanfte Energie, die mich irgendwie emporhob. Was passierte hier mit mir?

Die Energie floss langsam wieder ab und mein Kopf wurde ganz klar. Ich selbst hielt nun das Buch in den Händen, sodass ich hineinschauen und lesen konnte: „Dein Geheimnis: Du bist ein Engel."

Als wir unsere Erlebnisse schildern sollten, war ich kaum in der Lage, darüber zu sprechen. Alle schauten mich ungläubig an, denn niemand hatte ähnliches erfahren.
Ich nahm die Botschaft, dass ich ein Engel sei, mit Freuden an und nannte mich nun insgeheim „Engel Ursula".
Dieses Erlebnis hat mein Denken sehr geprägt. Ich war immer schon ein sehr positiv ausgerichteter Mensch, aber als Engel fühlte ich mich noch verantwortlicher für mein Reden und Handeln.
Es dauerte aber noch einige Zeit, ehe ich begann, mich intensiver mit den Engeln zu befassen. Ich schaute in einige Engelbücher, die aber mein Herz nicht so berührten, wie ich es erhofft hatte.
Erst bei einem Buch über Erzengel fühlte ich wieder diese besondere Energie.
Ich meditierte über Erzengel, fühlte die unterschiedlichen Energien der Erzengel und tauchte in ihre Bedeutungen und Botschaften ein. Was mich am meisten faszinierte, war das Glücksgefühl, das jedes Mal auftrat, wenn ich mich mit den Erzengeln beschäftigte.
Ich begann, alles aufzuschreiben, was mir an Informationen in die Gedanken kam. Was zusammenfloss an Lebenshilfe, fand ich einfach fantastisch. Es war genau die Lebenshilfe, die ich in der Kirche immer gesucht, aber nicht gefunden hatte.

Es gibt sehr viele gute Lebenshilfebücher, die zwar gelesen, aber nicht so wirklich umgesetzt werden. Viele Menschen meinen, der andere muss mit dem Anderssein, mit der Veränderung beginnen, damit sich die Dinge für sie zum Positiven verändern können.
Dies erfahre ich auch immer wieder in meiner Praxis. Meine Klienten verstanden zwar, was mit Selbstverantwortung und positivem Agieren gemeint war, doch fielen sie im Alltag irgendwann in ihr negatives Reagieren zurück.
Ich sah eine gute Möglichkeit, mit der Erzengel-Energie die positive Lebenseinstellung zu verstärken und bot Erzengel-Seminare an.
Ich war erstaunt und beglückt, wie gerne die Botschaften der Erzengel angenommen und auch umgesetzt wurden. Um in der positiven, liebevollen Engelenergie bleiben zu können, fragten mich viele Seminarteilnehmer, ob es ein entsprechendes Buch gäbe, wo sie die Informationen bei Bedarf immer wieder nachlesen könnten. Da ich dieses verneinen musste und die Teilnehmer mich immer mehr drängten, dieses Wissen zu Papier zu bringen, entschloss ich mich, aus den Seminarunterlagen ein Buch zu erstellen. Ich wählte sieben Erzengel aus. Es bereitete mir große Freude, da mich jedes Mal, wenn ich mich zum Schreiben hinsetzte, wieder diese wunderbaren Energien durchfluteten.
Ich hoffe, dass auch viele andere Menschen dieses Buch als Lebenshilfe nutzen können.

Die Erzengel

Nun stellt euch vor ihr lieben Menschen, neben euch geht oder steht jemand, der euch bei der Bewältigung eurer Lebensaufgaben hilft und sogar eure Bitten erfüllt. Der dafür sorgt, dass euer Leben einfacher, schöner und glücklicher wird.

Wie ich es selbst erlebt und erfahren habe, können die Erzengel dieser Jemand sein. Wir erleben sie als mächtige Lichtwesen, die erschaffen wurden, um uns Menschen zu helfen und zu dienen.

Das Wort „Eng" hat die englische Sprache vom griechischen Wort „angelos" übernommen, es bedeutet Bote. „el" heißt Gott. Also sind Engel Boten Gottes.

Engel sind Übermittler von Botschaften, die von einer höheren spirituellen Macht kommen. Sie sind Mittler zwischen den Welten und öffnen uns die Pforte zu Gott. Über sie kommunizieren wir mit dem Göttlichen.

Sie sind unsere Helfer und wenn wir sie um etwas bitten, wird uns diese Bitte erfüllt. Sie warten nur darauf, uns helfen zu können, wenn wir in Schwierigkeiten stecken. Sie drängen sich uns aber nicht auf, da wir in geistiger Freiheit leben und selber entscheiden können, ob wir um Hilfe bitten und uns helfen lassen wollen oder nicht.

Wir haben als Mensch einen Intellekt mit auf die Welt bekommen und können mit unserem Denken, Sprechen und Handeln unser Dasein, oder wie wir sagen, unser Schicksal mitsteuern und mitbestimmen. Als Kind haben wir jedoch kaum eine Wahlmöglichkeit. Wir sind abhängig von der Erziehung und Prägung durch Eltern, Lehrer und sonstige Bezugspersonen. Müssen meist das tun, was sie von uns verlangen, lieb sein, artig sein, brav sein, folgsam sein, am liebsten rund um die Uhr.

Doch auch Kinder haben ihre Bedürfnisse, die aber von denen der Erwachsenen oft abweichen und nicht ernst genommen werden. Durch Frust, Enttäuschung, Druck, Bestrafung, Erniedrigung, gebrochenem Vertrauen, Angst und Lügen, werden unsere ersten negativen Lebenserfahrungen geprägt.

Doch werden wir auch mit Freundlichkeit, Herzlichkeit, Liebe, Zuwendung, Zuverlässigkeit, Trost und Ehrlichkeit konfrontiert und machen so unsere ersten Erfahrungen mit Gut und Böse.

Kinder lernen von den Erwachsenen selten, wie Probleme konstruktiv, das heißt, lösungsorientiert angegangen und bewältigt werden. Es wurde ihnen meist vorgelebt, dass, wenn etwas nicht so läuft, wie es sich die Erwachsenen wünschen, gemeckert, geschrien, gestraft oder sogar geschlagen wird.

Wenn Kinder dieses erlernte Fehlverhalten ihrerseits einsetzen, werden sie als böse Kinder gestraft und die Erwachsenen erkennen nicht, dass sie selbst Vorbild waren. Meist wurden sie von ihren eigenen Eltern genauso behandelt, waren frustriert und enttäuscht.

Obwohl ihnen diese Verhaltensweisen nicht gut getan haben, sie sich als Kind dadurch ungeliebt und abgelehnt fühlten, wurde dieses destruktive Verhalten trotzdem bei den eigenen Kindern übernommen, weil andere Lösungsmöglichkeiten nicht zur Verfügung standen.

Viele Menschen hadern im Erwachsenenalter immer noch mit ihren Eltern, weil diese so lieblos waren.

Statt daraus zu lernen und mit den eigenen Kindern liebevoller und verständnisvoller umzugehen, damit die Kinder ihrerseits liebevoller sein können, verhalten sich viele ihnen gegenüber genauso destruktiv und sagen sogar noch: „Ich habe keine Liebe bekommen, also kann ich auch keine Liebe geben."

Doch bevor man Liebe ernten kann, muss man selber Liebe geben. Es muss erst etwas gesät werden, bevor man ernten kann. Der Landwirt kann auch keine Ernte erwarten, wenn er vorher nichts gesät hat.

Leben heißt Lernen

Wir sind auf dieser Welt, um, wie Jesus sagt, das Böse zu überwinden. Wir sollen lernen, dass wir uns mit negativem Reden und Handeln Probleme und Krisen schaffen, die unsere Energie blockieren.
Blockierte Energie bedeutet Krankheit und Schmerz.

Die Erzengel sagen uns, dass das Negative, das Böse, in dieser Welt ist, damit wir die Möglichkeit bekommen zu erkennen, zu lernen und zu verändern.
Sobald wir gezeugt sind, beginnt der Lernprozess.

Zum Beispiel kann es sein, dass ein Kind, welches ungewollt und von der Mutter abgelehnt zur Welt kommt, Neurodermitis entwickelt. Die Ablehnung ist dem Fötus „unter die Haut gegangen".
Andererseits wird die Mutter über die Neurodermitis gezwungen, dem abgelehnten Kind Zuwendung zu geben. Ist die Zuwendung aber übertrieben und das Kind fühlt sich eingeengt, kann es Asthma bekommen.
An dem vorgenannten Beispiel sehen wir, dass Krankheit keine Strafe Gottes ist, sondern nur sichtbar macht, wo unsere Seele leidet.
Wie uns Erzengel Raffael, der Engel der Heilung, vermittelt, sind wir für unsere Krankheiten selbst mitverantwortlich.
Sie sind immer Ergebnisse aus Ursache und Wirkung.
Wir können mit Gott hadern, wenn wir krank sind, wir können mit unseren Eltern hadern, weil sie uns falsch geprägt haben, aber es wird uns nichts nützen.

Wir kommen nicht um die eigene Veränderung, um den eigenen Lernprozess herum.

An unserem Mangel aus der Kindheit sollen wir unseren Lernprozess erkennen: Haben wir keine Liebe bekommen, sollen wir lernen, Liebe zu geben.
Haben wir kein Selbstwertgefühl bekommen, sollen wir lernen, uns selbst zu stärken und zu wertschätzen, usw.

Doch auch das Gegenteil kann der Fall sein: Wurden wir zu sehr geliebt und uns alle Schwierigkeiten aus dem Weg geräumt, sodass wir nicht gelernt haben, uns durchzusetzen, ist es unser Lernprozess, selbst Verantwortung zu übernehmen und die eigenen Dinge zu klären.

Ärger ist eine seelische Grippe

Wir sollen an uns erfahren, dass positives Agieren stärkt, negatives Reagieren schwächt. Mit negativem Reagieren befinden wir uns in der Opferhaltung. Der andere Mensch hat dann Macht über uns. Das Einzige, was daraus resultiert, ist Ärger. Wir ärgern uns, dass wir die Situation nicht gewonnen haben, dass der andere sich nicht so verhalten hat, wie wir es uns gewünscht haben, usw.

Wenn wir uns über andere Menschen ärgern, hängen wir bei ihnen an der Angel. Wenn wir diese Verhaltensweise nicht verändern und uns nicht zu einer positiven Steuerungs-Zentrale entwickeln, bleiben wir anderen immer ausgeliefert.

Wir werden weiterhin dabei sein, uns zu entschuldigen und uns zu rechtfertigen. Wir werden uns mit dieser Verhaltensweise aber immer schwach und unterlegen fühlen und vielleicht Lebensängste und Depressionen entwickeln.

Etwas Erstaunliches höre ich sehr oft: „Es fällt mir schwer, positiv zu denken und positiv zu agieren." „Es fällt mir schwer, zu loben und wertzuschätzen. Kritisieren ist viel einfacher. Bei uns zuhause wurde nie gelobt."

Wie kommt es, dass negatives Reagieren so einfach ist, positives Agieren aber erst erlernt werden muss? Eigentlich müsste es doch umgekehrt sein.

Liegt es am erlernten Fehlverhalten in der Kindheit, die Erblast des negativen Reagierens der Vorfahren, was sich dadurch, da es nicht mit positivem Agieren durchbrochen wurde, von Generation zu Generation wiederholt? Ein Karma, das wir im Schlepptau haben? Welches wir ableisten sollen?

Gibt es deshalb familiär gehäufte Krankheiten, weil das negative Grundmuster noch nicht erlöst wurde?

Die Wissenschaftler wollen es an einer genetischen Vererbung festmachen, was den Kranken aber nicht viel nützt.

Das Gleiche gilt für das Gegenteil. Wenn alles nur lieb und harmonisch sein soll, Probleme einfach ignoriert werden und gesagt wird: „Wir haben keine Probleme, bei uns ist alles in Ordnung", wird der Mensch auch krank, weil die Probleme in ihm nagen. Er wird immer vor Problemen davonlaufen, weil er nie gelernt hat, sie konstruktiv zu lösen.

Für uns Menschen gibt es eine unbeantwortete Frage: Warum und wofür sollen wir in dieser Welt lernen? Wozu sollen wir uns weiter entwickeln? Was nützt es uns? Warum sollen oder müssen wir dieses ganze Negative, Zerstörerische, dieses Leid und diese Ungerechtigkeiten überhaupt ertragen?

„Warum, wenn es einen Gott gibt, lässt er all dieses zu?"

„Es bräuchte doch nur alles harmonisch und gut zu sein und die Welt wäre in Ordnung."

Sollen wir durch die Überwindung des Bösen selbst erkennen, dass wir ein göttliches Bewusstsein haben, wenn wir in der Liebe sind?

Sind wir Menschen wie Gott und wissen es nur nicht, weil wir uns von dem negativen Geschehen in dieser Welt in die Irre führen lassen?

Die Gesetze der Polarität

Die Erzengel erklären uns, dass Positiv und Negativ die beiden polarisierenden Kräfte auf unserem Planeten sind, die das kosmische Sein im Gleichgewicht halten.

Wir Menschen sind mitten in diesem kosmischen Geschehen von Positiv und Negativ, sind auch Polarität, haben auch diese Gegensätze in uns.

Beides dürfen wir leben, werden aber immer mit den Auswirkungen konfrontiert. Im Positiven wie im Negativen.

Akzeptieren wir diese Gesetze und gehen mit diesem Fluss des Lebens, ist unser Leben im Fluss.

Wollen wir es aber anders haben und meinen, das Negative muss weg, muss bekämpft werden, sind wir immer im negativen Gedankengut und haben keine Chance auf eine positive Veränderung.

Wir meinen, politisch Andersdenkende müssen bekämpft werden. Doch alles, was wir bekämpfen, wo wir unsere Aufmerksamkeit hingeben, das stärken wir. Der Andersdenkende ist im Fokus. Über den wird gesprochen, über den wird sich aufgeregt. Und so sorgen wir mit dafür, dass sich das Negative ausbreitet.

Nun stellen wir uns einmal vor, wir demonstrieren nicht gegen die Andersdenkenden, sondern gehen in die Feindesliebe, erkennen ihn als negative Polarität und denken bei seinem Anblick „Friede sei mit dir" und schenken ihm vielleicht sogar ein Lächeln.

Feinde werden nicht geboren, Feinde entstehen in unseren Köpfen. Meist lassen wir uns von den Medien in die

Irre führen. Mit ihren ständigen Wiederholungen der negativen Nachrichten betreiben sie bei uns Gehirnwäsche und viele lassen sich aufwiegeln, ohne zu wissen, was das eigentlich für Menschen sind, die sie anfeinden und aburteilen.

Bei Matthäus 7,3 steht geschrieben:

„Richtet nicht, auf dass ihr nicht gerichtet werdet. Denn mit welchem Maß ihr richtet, werdet ihr gerichtet werden und mit welchem Maß ihr messet, wird euch gemessen werden.
Was siehst du aber den Splitter in deines Bruders Auge und wirst nicht gewahr des Balkens in deinem Auge. Wie kannst du zu deinem Bruder sagen „Komm her, ich will dir den Splitter aus deinem Auge ziehen" wenn du selbst einen ganzen Balken im Auge hast. Du Heuchler, zieh im Ersten den Balken aus deinem Auge, danach siehe zu, wie du den Splitter aus deines Bruders Auge ziehst.

Überlassen wir also den Anderen das Urteilen und das negative Denken und wenden uns dem Positiven, der Liebe, zu. Damit stärken wir uns selbst und auch unser Umfeld. Unser Leben wird dadurch leichter und schöner. Denn wo der Geist des Friedens ist, da ist die Freiheit.

Wir sind weder gute noch schlechte Menschen

Trotzdem sind wir mit positivem, liebevollem Agieren keine guten oder besseren Menschen, bekommen auch keine Punkte bei Gott angeschrieben, sondern stärken nur die positive Seite der Polarität.

Wir erfahren dabei, was unserer Seele guttut, was uns stärkt und uns glücklich macht.

Ebenso sind wir keine schlechten Menschen, wenn wir negativ reden und handeln. Wir stärken nur die negative Seite der Polarität und müssen die Auswirkungen erfahren: Negatives schwächt, macht traurig und unglücklich, ist zerstörerisch und kann uns letztendlich krank machen.

So sind wir für unsere Befindlichkeit selbst verantwortlich. Die Erzengel machen uns dies recht deutlich.

Doch aus dem Zerstörerischen entsteht wieder Positives: Nächstenliebe, Mitgefühl, Hilfsbereitschaft, Aufbau, Kreativität, Aktivität, usw., Eigenschaften, die wir ohne Negativität nicht entwickeln könnten.

Und so ist der Kreislauf der polarisierenden Kräfte immerwährend in Bewegung: Leben und Vergehen, Liebe und Hass, Aufbau und Zerstörung, Glaube und Unglaube, Glück und Unglück, Wissen und Unwissen, Reichtum und Armut, Führung und Verführung, Gutes und Ungutes, Gerechtigkeit und Ungerechtigkeit, usw.

Solange es die Menschheit gibt, richtet sich ihr Augenmerk hauptsächlich auf die Zerstörung und Bekämpfung des „Bösen" und sie ist sehr erfinderisch darin.
Doch glücklicher hat dies die Menschheit nicht gemacht. Da sie keinen Erfolg beim Ausmerzen des Bösen haben, geben sie bestimmten Menschen die Schuld am Leid der Welt und bemerken nicht, dass sie selbst mit destruktiven Handlungen und negativem Reden das, was sie eigentlich beseitigen wollen, noch verstärken.

Die Erzengel bezeichnen unsere negative Verfestigung auch als illusionäre Verkennung: Wir Menschen nehmen das Negative wahr, erkennen aber nicht die dahinterliegende Bedeutung. Erkennen nicht, dass das Eine aus dem Anderen entsteht, dass das Eine ohne das Andere nicht existieren kann.

Liebe ist die stärkste Macht auf Erden

Ebenfalls gibt es Menschen, die meinen, sich vor den negativen Energien anderer Menschen oder auch Verstorbener schützen zu müssen. Wer so denkt, ist weit von der Liebe entfernt und somit offen für „negative" Besetzungen, die sich durch seine Ängste in ihm manifestieren können.

Ein Mensch aber, der die Gesetze des Lebens erkannt und anerkannt hat und in Liebe und Frieden mit sich und der Natur lebt, ist stärker als alles Negative und hat keine Angst vor negativen Energien.

Er weiß, dass bedingungslose Liebe die stärkste Macht auf Erden ist, die alles überwindet.

Wir haben ein unendlich großes Potenzial in uns, haben alle Möglichkeiten in uns, uns selber zu heilen, zu helfen und ins göttliche Bewusstsein zu gehen.

Wir nutzen es aber nicht, weil wir zu wenig über uns selbst wissen, oder weil wir Angst vor unseren eigenen, aber fremden Energien haben.

Geistheiler setzen diese Energien ein und geben uns einen kleinen Einblick in unsere Möglichkeiten.

Mit unseren Gedanken sind wir unser eigener Schöpfer. Wie denken wir, was schöpfen wir? Sind unsere Gedanken positiv und schöpferisch aufbauend oder negativ zerstörerisch?

Im Talmud steht dazu geschrieben:

„Achte auf deine Gedanken, denn sie werden zu deinen Worten.
Achte auf deine Worte, denn sie werden zu deinen Taten.
Achte auf deine Taten, denn sie werden zu deinen Gewohnheiten.
Achte auf deine Gewohnheiten, denn sie werden dein Schicksal."

Erkennen wir uns selbst und verändern wir, was uns nicht glücklich macht, was uns einschränkt.
Erwarten wir nicht länger, dass wir erst glücklich sein können, wenn die anderen Menschen sich verändern, wenn die anderen Menschen freundlicher, positiver und friedvoller sind. Wir gehören auch zu den anderen Menschen, von denen Veränderung erwartet wird. Die Erzengel weisen uns stets auf diese Tatsache hin.

Dazu fällt mir eine kleine Geschichte ein, die ich vor langer Zeit einmal gelesen habe:
Der Rabbi war unzufrieden mit den Geschehnissen in der Welt und zog aus, die Welt verbessern zu wollen. Es gelang ihm nicht. Er reduzierte seine Absicht und wollte dann nur noch sein Umfeld verändern. Es gelang ihm nicht. Danach wollte er dann nur noch sich selbst zu einem total perfekten Menschen machen. Auch das gelang ihm nicht.
Da er ein kluger Mann war, erkannte er bald die Bedeutung der Polarität, akzeptierte das Negative, lebte bewusst das Positive, ohne das Negative anzuklagen und siehe da, sein Umfeld nahm ihn als Lehrer an.

Auch wenn wir nicht wissen, was unser Menschsein auf dieser Welt bedeutet, so können wir eines voraussetzen: Wenn es für uns nicht gut und wichtig wäre, wäre es nicht so. Nichts auf dieser Welt geschieht ohne Grund. Entscheiden wir uns dafür, in die Liebe, ins göttliche Bewusstsein zu gehen, können wir die Erzengel bitten, uns auf diesem Weg zu begleiten und zu unterstützen. Ihre Hilfe ist uns gewiss.
Wir verleihen unserer Seele damit Flügel, denn sie wird immer mehr vom negativen Ballast befreit.

Ein Mensch, der positiv agiert und ein Friedensstifter aus seinem Herzen heraus ist, ist stark und unerschütterlich und „gleich einem klugen Mann, der sein Haus auf Fels baut".

Es ist aber eine immerwährende Prüfung und Herausforderung, seine Gedanken und Taten im Licht, im Positiven, zu halten.

Jesus sagt dazu:

„Eng ist dieses Tor und schmal der Weg, der ins wahre Leben führt. Geht durch diese Tür! Denn das Tor, das ins Verderben führt, ist breit und die Straße dorthin bequem. Viele sind auf ihr unterwegs. Aber die Tür, die zum Leben führt, ist eng und der Weg dorthin anstrengend. Nur wenige gehen ihn." (Matthäus 7,7)

Ich kenne aber auch viele Menschen, die diesen Weg finden und gehen.

Das Gute, die Liebe, das Positive aber ist leise und oft unsichtbar und deshalb nicht so einfach wahrzunehmen. Wir müssen dafür offen sein, müssen die gleiche Schwingung haben, um es erkennen zu können.

Das Negative, Zerstörerische, aber ist laut und sichtbar. Dieser Weg ist einfach zu gehen und wird deshalb von den Menschen, die die positive Seite der Polarität ignorieren, als Realität angesehen. Gott wird von ihnen angezweifelt, weil der Glaube besteht, dass es Gott ist, der auch das Böse und Schlechte auf der Welt hervorbringt. Gott bringt nichts hervor. Das tun die Menschen selber im Rahmen der Polarität.

Wir haben die Freiheit des Nicht-Glaubens. Auch wer nicht an Gott glaubt, erhält keine Bestrafung. Wir leben in vollkommen geistiger Freiheit.

So sagt Jesus etwas für uns sehr Wichtiges:

„… und wer meine Worte hört und glaubt nicht, den werde ich nicht richten, denn ich bin nicht gekommen, dass ich die Welt richte, sondern dass ich die Welt selig mache." (Johannes 12,47)

Was bedeutet heilig sein?

Viele Menschen haben Probleme mit dem Begriff heilig. Sie meinen, nur die Menschen können sich als heilig bezeichnen, die an Gott glauben, oft in die Kirche gehen, nur Gutes tun und niemals böse sind.

Solange wir Mensch sind, werden wir diese Tugenden niemals vollständig erreichen, da wir ja die Polarität von Gut und Böse in uns haben.

Manche Menschen haben sich selber ob ihrer negativen Gedanken kasteit, weil die Kirche sie als etwas Sündhaftes dargestellt hat. Niemand aber möchte ein Sünder sein und so waren Schuldgefühle bei vielen Menschen ständige Lebensbegleiter, die ein Leben in Selbstbewusstsein, Selbstwertgefühl und Eigenliebe verhindert haben.

Jesus sagt aber dazu:

„Nicht, was in den Mund hineingeht, verunreinigt den Menschen, sondern was aus dem Munde herausgeht. Versteht ihr nicht, dass alles, was in den Mund hineingeht, in den Magen gelangt und im Abort ausgeschieden wird? Was aber aus dem Munde herausgeht, das kommt aus dem Herzen und das verunreinigt den Menschen." (Markus 7,18)

Diese Worte befreien uns von dem Druck, nur reine Gedanken haben zu dürfen. Die Gedanken sind frei, aber Worte sind machtvoll – aufbauend oder zerstörerisch. Trainieren wir, dass wir das, was wir zu sagen haben, in positive Worte fassen. Akzeptieren wir unsere Schwächen und Fehler und arbeiten wir daran, wenn sie uns stören.

Wichtiger ist es, dass wir unsere Stärken erkennen und diese weiter ausbauen, damit wir unser Leben erfolgreich gestalten können. Wenn wir nur mit unseren Schwächen hadern, kommen wir nicht weiter.

Heilig sein heißt innerlich heil sein. Das Gute anstreben und niemandem schaden. Jeder Mensch ist göttlich, nur seine Worte und Taten sind oft nicht göttlich. Wenn wir das Eine von dem Anderen trennen können, brauchen wir nicht mehr den Menschen zu verurteilen, sondern seine Taten.

Die Kirche spricht von dem sündigen Menschen und verurteilt ihn. Dabei soll sich gerade die Kirche um diese „verlorenen Kinder" kümmern, wie Jesus es einst getan hat. Er war immer bestrebt, sich um die Schwachen zu kümmern.

Viele Irrlehren wurden von der Kanzel gepredigt, um im Menschen Schuldgefühle zu entwickeln und sie so in Abhängigkeit zu halten:

„Dieses Volk da ehrt mich nur mit Worten, sagt Gott, aber mit dem Herzen ist es weit weg von mir.

Ihr ganzer Gottesdienst ist sinnlos, denn sie lehren nur Gebote, die sich Menschen ausgedacht haben. Gottes Gebot schiebt ihr zur Seite, aber an den Vorschriften von Menschen haltet ihr fest.

Wie geschickt bringt ihr es fertig, Gottes Gebote zu umgehen, damit ihr eure Vorschriften aufrechterhalten könnt. (Markus 7,6)

Erzengel helfen uns

Haben wir Schwierigkeiten oder Probleme, die uns das Leben schwer machen, können wir mithilfe der Erzengel unsere Probleme anpacken und lösen oder unsere Persönlichkeit stärken oder negative Emotionen aufgeben.

Zuvor sollten wir unseren Ist-Zustand wahrnehmen und sozusagen körperliche und seelische Bestandsaufnahme machen, wie es auch später bei den Erzengeln geschrieben steht.

Brauchen wir die Hilfe eines Erzengels aber ganz plötzlich in einer unvorhergesehenen Situation, brauchen wir nur zu denken oder zu sagen: „Engel, hilf mir! Danke, dass du mir hilfst!", und bleiben in dieser Energie. Der zuständige Engel wird sofort für uns da sein und uns Kraft, Stärke und Hilfe geben.

Wenn wir in die Anrufung gehen, ist es empfehlenswert, einzelne Abschnitte zu lesen, danach immer wieder die Augen zu schließen und das Gelesene zu visualisieren, auf sich wirken zu lassen, zu verinnerlichen und so zu festigen.

Üben wir dieses täglich, wird sich unser Bewusstsein immer mehr verändern. Machen wir Fehler, werden wir uns nicht länger als Versager fühlen, sondern wir werden erkennen, dass uns etwas fehlte, um es richtig machen zu können, denn sonst hätten wir es richtig gemacht.

Denken wir einmal an einen Fehler, den wir gemacht haben und fragen wir uns: „Was fehlte mir in meiner Situation: Mut, Stärke, Ehrlichkeit, Einsicht, Durchsetzungsvermögen, Selbstwertgefühl, Verständnis, Toleranz, Zutrauen oder gar Wissen?

Nur wenn wir ganz ehrlich mit uns umgehen, können wir uns selbst erkennen und etwas verändern.

Die Erzengel weisen uns den Weg in ein selbstbestimmtes Leben. Sie öffnen uns die Augen und zeigen uns auf, dass wir keine Sünder, sondern Lernende sind.

Wenn wir dieses Prinzip verstanden haben, fühlen wir uns frei und heil und spüren, dass heilig nichts anderes als ein heiler Geisteszustand ist:

Voller Verstehen um die Geschehnisse in der Welt.

Lassen wir uns nun von den Erzengeln in unserem Inneren umwandeln. Tauchen wir ein, in die wunderbare Engelenergie. Die Gebete und Bitten haben eine eigene Sprache und sorgen dafür, dass wir schneller in die liebevolle, kosmische Schwingung kommen.

Alle sieben Erzengel auf einen Blick

1. Erzengel Michael – Engel des Schutzes

"Mikha-el": Wie Gott - Der Gott ist

Seine Bedeutung: Schutz, Mut und Stärke, Wahrheit, Aufrichtigkeit

Sein Tag: Sonntag
Seine Farbe: Blau / Gold
Sein Stein: Blauer Achat, blauer Jaspis
Sein Duft: Lotos-Duft

2. Erzengel Gabriel – Engel der Auferstehung

"Gabri-el": Das Göttliche ist meine Stärke

Seine Bedeutung: Reinigung, Prophezeiung, Visionen, Inspiration, Erkenntnis

Sein Tag: Montag
Seine Farbe: Weiß
Sein Stein: Bergkristall
Sein Duft: Lavendel-Duft

3. Erzengel Camael – Engel der Anbetung

"Chamu-el": Der, welcher Gott sieht - Gott ist mein Ziel

Seine Bedeutung: Liebe, Beziehungen, Trost, Wiedergutmachung, Mildtätigkeit

Sein Tag: Dienstag
Seine Farbe: Rosa
Sein Stein: Rosenquarz
Sein Duft: Rosen-Duft

4. Erzengel Raphael - Engel der Heilung

"Rapha-el": Gott heilt - Göttlicher Heiler

Seine Bedeutung: Heilung, Ganzheit, Einheit

Sein Tag: Mittwoch
Seine Farbe: Grün und Rosa
Sein Stein: Aventurin, Rosenquarz
Sein Duft: Rosen-Duft

5. Erzengel Zadkiel – Engel der Anrufung und der Umwandlung

"Zadki-el": Rechtschaffenheit Gottes

Seine Bedeutung: Vergebung, Umwandlung negativer Energien, Gnade, Toleranz

Sein Tag: Donnerstag
Seine Farbe: Violett
Sein Stein: Amethyst
Sein Duft: Lavendel-Duft

6. Erzengel Uriel – Engel des Dienens

"Uri-el": Das Feuer des Göttlichen - Das Licht Gottes

Seine Bedeutung: Frieden, Geben und Empfangen, Dienen

Sein Tag: Freitag
Seine Farbe: Rubinrotgold
Sein Stein: roter Jaspis, Rubin
Sein Duft: Lotos-Duft

7. Erzengel Jophiel – Engel der Erleuchtung

"Jophi-el": Schönheit Gottes - Gott ist meine Wahrheit

Seine Bedeutung: Erleuchtung, Inspiration, Erwachen, Freude

Sein Tag: Samstag
Seine Farbe: Goldgelb
Sein Stein: Citrin, gelber Jaspis
Sein Duft: Zitronen-Duft

Erzengel-Altar

Wenn wir mit den Erzengeln in Kontakt treten wollen, ist es etwas sehr Schönes, ihnen einen Altar einzurichten. Erzengel lieben Rituale und freuen sich über einen Altar, der ihnen gewidmet ist und von dem aus wir sie anrufen und mit ihnen kommunizieren.

Ein Altar ist aber nicht Bedingung. Wir können immer und an jedem Ort mit den Engeln Kontakt aufnehmen.

Möchten wir einen Altar einrichten, ist es wünschenswert, das entsprechende Zimmer vor Errichtung des Altars aufzuräumen und zu reinigen, denn Engel lieben Ordnung und Sauberkeit.

Je liebevoller unsere Gedanken dabei sind, je mehr wir unser Herz öffnen, desto höher wird die Schwingung in diesem Raum sein.

Wir bestimmen unseren Altarplatz, der überall sein kann: auf einem Tisch, einer Kommode, einem Schränkchen, usw. Wir müssen uns nur an diesem Ort wohlfühlen und dort ungestört sein.

Unser Altar soll ein Ort der Kraft sein, von dem aus wir unsere Gebete und Fürbitten an die Erzengel weiterleiten können.

Gestalten wir diesen Ort wundervoll, damit er die Engel anzieht und „Wundervolles" geschehen kann.

Auf diesen Altar können wir legen oder stellen, was wir lieben, was wir schön finden, was unser Auge und unser Herz erfreut.
Haben wir den Raum und den Altarplatz gefunden, zünden wir als Erstes ein Räucherstäbchen an, gehen durch den Raum, schwenken mit der anderen Hand oder mit einer Feder den Rauch in alle Richtungen und sprechen dazu:
"Ihr himmlischen Heerscharen, ihr guten Geister der Reinheit und des Lichts, ich bitte euch, diesen Raum zu reinigen und zu segnen, auf dass Liebe, Frieden und Harmonie allzeit in diesem Raum herrschen. So sei es. Amen."

Wir stecken das Räucherstäbchen in den dafür vorgesehenen Ständer (den wir entweder kaufen, oder wir nehmen ein kleines Gefäß mit Sand und stellen das Räucherstäbchen hinein), legen unsere Hände vor unserer Brust zusammen und verbeugen uns demütig.
Danach legen wir eine sanfte Meditationsmusik auf, entzünden eine weiße Kerze als Symbol der Reinheit und des Lichts und sprechen dazu:

"Ich entzünde diese weiße Kerze und segne das Licht.
Möge dieses Licht den Raum erhellen und erleuchten.
Möge dieses Licht uns helfen, unseren Geist und unsere Gedanken im Licht zu halten.
So sei es. Amen!"

Später stellen wir diese weiße Kerze auf den Altar und entzünden daran die farbige Kerze des Erzengels.
Nun richten wir unseren Altar ein und achten darauf, dass wir dabei nur liebevolle Gedanken haben. Wir können auch ein Mantra singen oder den Namen eines Erzengels, der evtl. gerade in unsere Gedanken kommt oder mit dem wir kommunizieren wollen.
Wie groß der Altar ist und was wir darauf legen, bleibt uns selbst überlassen. Es könnte folgendermaßen aussehen:

Wir können eine schöne Decke darauf legen, entweder in Weiß, oder in der Farbe des Erzengels, welchen wir anrufen wollen. Viele legen die Symbole der vier Elemente auf ihren Altar:

Links oben für das Element Wasser (Gefühl) eine Schale mit Wasser oder etwas aus dem Wasser, z. B. Muscheln.
Rechts oben für das Element Feuer (Wille) eine Kerze.
Links unten für das Element Erde (Körper) einen schönen Stein.
Rechts unten für das Element Luft (Geist) z. B. eine Feder.

Nun schmücken wir unseren Altar mit allem, was uns heilig und kostbar ist:
Erzengel- und / oder Heiligenbilder, Engelfiguren, Jesusbilder, Duftlampe mit dem entsprechenden Engelduft, (der Duft macht unser Bewusstsein weit und wir werden empfänglicher für die Botschaft des Erzengels),

Engel-Essenzen, Kerzen, die Erzengel-Steine, frische Blumen, Räucherstäbchen, Amulette, usw.

Kerzen spielen bei der Engelanbetung eine besondere Rolle, denn sie symbolisieren das Licht, das zum Vorschein kommt, wenn sich die Materie der Kerze langsam auflöst.

Das symbolisiert auch das innere Licht eines Menschen, das zum Vorschein kommt, wenn immer mehr Ego abgebaut wird.

Der Altar kann immer wieder umgestaltet werden. Wenn wir z. B. mit Erzengel Raffael kommunizieren wollen, können wir den Altar in Grün-Gold schmücken. Wir können den Altar immer individuell in den Farben des Erzengels schmücken; damit stellen wir eine liebevolle Verbindung zu dem Erzengel her und können uns noch besser auf seine Schwingung einstellen.

Wie schlicht oder wie üppig wir unseren Altar schmücken, bleibt unserem Geschmack überlassen.

Es ist uns auch vorbehalten, ob wir möchten, dass andere Menschen unseren Altar sehen oder ob wir ihn nach jeder Nutzung wieder abbauen und die Gegenstände z. B. in eine schöne Kiste legen wollen.

Wir können bei der Kontaktaufnahme mit dem Engel vor dem Altar sitzen, knien oder stehen. Alles ist richtig, was wir machen.

Wichtig ist, dass wir etwas machen, um unserem Leben eine andere Richtung zu geben, die uns heiler, stärker, mutiger, glücklicher und selbstbewusster werden lässt.

Wie wir die Anrufung durchführen können, steht in den entsprechenden Kapiteln.

Eigene Intuitionen können ohne weiteres eingebracht werden.

Dieses Buch ist als Anleitung gedacht, um den Weg zu den Engeln zu finden. Je sicherer wir werden, desto mutiger werden wir auch, mit den Engeln Kontakt aufzunehmen. Sie warten nur darauf, uns helfen zu dürfen.

Wir wissen, dass sie nicht eigenmächtig in unser Leben eingreifen dürfen, sondern nur, wenn wir sie darum bitten.

Also bittet, damit euch gegeben werden kann!

Erzengel Michael

Erzengel Michael

"Mikha-el": Wie Gott – Der Gott ist

Seine Bedeutung: Schutz, Mut, Stärke, Kraft, Wahrheit, Aufrichtigkeit

Sein Tag: Sonntag

Seine Farbe: Blau / Gold

Sein Stein: Saphir

Sein Duft: Lotos-Duft

Engel der Kraft und des Schutzes

Erzengel Michael wird auch Engel des Lichts genannt, denn er bringt uns Menschen strahlendes Licht, göttliche Kraft und göttliche Stärke in der allerhöchsten Schwingung. Er ist der Führer der Erzengel und Träger der königsblauen Flamme mit kristallweißer Strahlung.

Bevor wir den Tag beginnen, können wir ihn bitten, uns eine Lichtrüstung umzulegen und sie mit Liebe und Kraft aufzuladen.

Wenn wir in diesem Lichtbewusstsein bleiben, sind wir stark für die Herausforderungen des Tages.

Michael hört auf jeden Ruf um Schutz und Hilfe. Wenn wir uns mit der Macht Erzengel Michaels und der Energie seines blauen Lichtstrahls, welcher in vielen Abstufungen in Saphir-Blau strahlt, verbinden, verändert sich die Qualität unserer Gedanken.

Es ist, als ströme die blaue Farbenergie in Form von Gelassenheit, Zuversicht, Mut, Stärke und Hoffnung in unsere Gedanken. Hoffnungslosigkeit, Traurigkeit, Verzweiflung wandeln sich ins Gegenteil.

Die Macht des Lichtes wird hier spürbar. In dieser Schwingung gibt er uns Mut und Kraft, Probleme anzugehen und Hindernisse zu beseitigen. Erzengel Michael trägt ein Schwert aus flammender Energie. Mit diesem Schwert kann er negative energetische Verbindungen, die uns an andere Personen oder Situationen fesseln und uns so in der Verstrickung halten, durchtrennen.

Doch wie alle Erzengel unterliegt er den kosmischen Gesetzen von Ursache und Wirkung und muss dieses berücksichtigen. Haben wir aus Ursache und Wirkung noch alte "Schuld" abzuleisten, so wird er uns den Läuterungsprozess nicht abnehmen dürfen, uns wohl aber zu erkennen geben, welche von uns herbeigeführte negative Situation auf Bereinigung wartet.

Hier nützt es nichts, wenn wir Schuldzuweisungen zu anderen Personen oder Situationen machen. Wir sind immer Mitschöpfer an den Auswirkungen. Dies gilt es zu erkennen, sonst gibt es keine Weiterentwicklung.

Wir können Michael bitten, ob er bei Gott um Gnade nachsuchen kann, damit uns die vermeintliche Schuld, die wir auf uns geladen haben, erlassen wird. Wir können ihn bitten, dass er das energetische Band, das uns noch mit dieser belastenden Situation verbindet, mit seinem Schwert durchtrennt, um unsere Seele zu erlösen.

Die Erlösung fühlen wir wie einen Lichtstrahl, der uns energetisch auflädt und ein Gefühl von Freiheit in uns auslöst. Wir brauchen dann nur noch „Danke für die Erlösung" zu sagen.

Erzengel Michael hilft uns, uns in seinem Licht selbst zu erkennen, unsere wirkliche Natur zu entdecken, damit wir so werden können, wie wir wirklich sind. Wir sind die Liebe Gottes und aus dieser Liebe heraus sollen wir das Selbst-Bewusstsein, das "ICH BIN" entdecken und entwickeln, damit wir in geistiger Freiheit unser Leben aktiv und kreativ nach unseren Wünschen und Vorstellungen gestalten können.

In innerer Aufrichtigkeit ist uns Gottes Hilfe gewiss: "Bittet, so wird euch gegeben. Danket und der Segen Gottes ruht auf euch!"

Mit Erzengel Michaels blauem Lichtstrahl sind auch Spontanheilungen möglich. Das Blaulicht symbolisiert auch in unserem menschlichen Leben die Rettung, oftmals "die letzte Rettung".

So können wir Erzengel Michael in Notfällen als letzte Rettung anrufen.

Wir können ihn weiterhin anrufen, wenn wir Wahrheit und Aufrichtigkeit brauchen:

– weil es uns schwerfällt, bei der Wahrheit zu bleiben

– wenn wir nicht nein sagen können und uns ausnutzen lassen

– wenn wir so tun, als mache uns die Arbeit Spaß

– wenn wir einsehen, dass wir eine Beziehung lösen müssen

Wir können ihn anrufen, wenn wir Schutz brauchen:

– weil wir Angst vor dem Alleinsein haben

– wenn wir allein auf einer dunklen Straße sind

– weil uns jemand körperlich angreifen will

– wenn wir uns in einer fremden Gegend bedroht fühlen

Wir können ihn anrufen, wenn wir Mut und Durchsetzungsvermögen brauchen:

– wenn wir uns durch Menschen seelisch belastet fühlen

- weil uns das Leben keine Freude mehr macht
- weil wir eine schwere oder „unheilbare" Krankheit haben
- wenn wir endlich von einer Sucht loskommen wollen

Wenn wir Erzengel Michael anrufen wollen, schreiben wir zuerst das, was uns belastet und bedrückt, wo wir Fehler gemacht oder „Schuld" auf uns geladen haben, das, was uns an uns oder anderen nicht gefällt, auf einen Zettel und drücken unsere negativen Gefühle so realistisch wie möglich aus.

Wenn das geschehen ist, gehen wir in uns und stellen uns die Frage, ob wir diese negativen Gefühle, diese Belastungen, wirklich los sein möchten, oder ob wir sie behalten wollen.

Es kann ja sein, dass in uns noch etwas ist, was Rache üben möchte, z. B. an einer Person, die wir für unser Leid verantwortlich machen.

Oder wir möchten uns über das Negative des anderen Menschen noch weiter beklagen, um zu signalisieren: „Seht, diese Person ist die Böse, ich bin die Gute."

Doch wenn wir Rache üben, aktivieren wir wieder die Gesetze von Ursache und Wirkung und müssen wiederum die Auswirkungen dieser Rachetat an uns erfahren.

Erst wenn wir bereit sind, aus diesem Teufelskreis herauszutreten und alles negativ Belastende loslassen wollen, weil wir erkannt haben, dass wir uns damit nur weiter zum Opfer machen und uns dieses Verhalten in keiner Weise weiterbringt, stellen wir uns vor, wie wir wirklich sein möchten:

Mit innerem Frieden positiv reden und handeln, um so das Gute in der Welt zu stärken, anstatt sich über das Böse und Ungerechte in der Welt aufzuregen.

Stark, mutig und konsequent Dinge ansprechen können, anstatt sich zu ärgern.

Zu verzeihen, statt weiterhin zu grollen, um endlich in der Seele frei sein zu können.

Liebevoll und selbstbewusst zu handeln, anstatt zu meckern und anderen Menschen irgendwelche Schuld zu geben.

Ehrlich zur eigenen Meinung zu stehen und auch die Sichtweise und Meinung anderer Menschen ernst zu nehmen.

Glücklich und fröhlich das Leben genießen, anstatt über alles zu klagen, atmen wir dreimal tief durch und schreiben dieses ebenfalls auf unseren Zettel.

Wir geben unser Bestes, uns die positive Veränderung so real wie möglich vorzustellen und die positiven Gefühle so real zu fühlen, als wäre alles schon Wirklichkeit.

Das zeigt uns auch, dass diese Gefühle schon in uns sind, dass wir sie nur noch nicht gelebt haben.

Erzengel Michael steht uns konsequent zur Seite, wenn wir ihn um Hilfe bei unserer Veränderung bitten. Oft spüren wir seinen Energieschub, wenn uns einmal der Mut verlässt.

Wir falten diesen Zettel mit unserer Fürbitte und legen ihn auf unseren Altar.

Nun bereiten wir uns auf unsere Anrufung vor.

Anrufung Erzengel Michael

Wir suchen unseren Altar auf, den wir in Blau und Gold, den Farben Erzengel Michaels, geschmückt haben und stellen eine weiße und eine blaue Kerze dazu. Den Zettel mit der Fürbitte an Erzengel Michael legen wir gefaltet ebenfalls auf den Altar.

Wir entzünden die weiße Kerze und sprechen dazu:

"Ich entzünde diese weiße Kerze und segne das Licht. Ich bitte das Licht, meinen Geist zu erhellen und meine Gedanken im Licht zu halten. Ich rufe die Heerscharen des Himmels und der Erde, diesen Raum zu reinigen und zu segnen, auf dass Licht, Friede und Harmonie allzeit in diesem Raum herrschen. So sei es!"

An dieser weißen Kerze entzünden wir die blaue Kerze, die wir für Erzengel Michael segnen wollen und sprechen dazu:

"Ich entzünde diese blaue Kerze für Erzengel Michael und segne sie zum Zeichen meiner Verbundenheit mit ihm. Möge die Kraft seines Lichtes meinem Geist Erleuchtung schenken und meine Seele für immer erhellen. So sei es!"

Wir stellen die Kerze auf den Altar, setzen uns und nehmen den Stein, den wir für Erzengel Michael segnen wollen, in unsere linke Hand und legen die rechte Hand darauf. Wir schließen unsere Augen, atmen vertiefter, nehmen den Stein in unserer Hand bewusst wahr, verbinden uns gedanklich mit Erzengel Michael, den mächtigen, in blauem Licht strahlenden Engel und sprechen dazu:

"Ich segne und weihe diesen Stein Erzengel Michael und seinen himmlischen Helferscharen als Band zwischen Himmel und Erde. Mögen sie das Band energetisieren und mir helfen, im Engelbewusstsein zu bleiben. So sei es!"

Wir legen den so gesegneten Stein auf den Altar zurück, können nun eine schöne, engelhafte Entspannungsmusik einschalten und nehmen den Zettel mit unserer Fürbitte in die Hand.

Wir setzen, stellen oder knien uns vor den Altar, schließen unsere Augen und konzentrieren uns wieder auf unseren Atem.

Wir lassen die Atemzüge immer langsamer und tiefer werden und wenn wir uns innerlich ruhig und entspannt fühlen, stellen wir uns gedanklich wieder auf Erzengel Michael, der uns das blaue Licht des Schutzes bringt, ein.

Und wir sprechen:

"Erzengel Michael, du Siegreicher, du Engel des Schutzes, ich rufe dich an. Komm zu mir. Ich bitte dich um deine Hilfe und deinen Schutz. Nimm mich unter deine schillernde Klinge. Senke dein Lichtschwert in mein Bewusstsein und schneide mich frei von allen Belastungen. Erneuere meine Gedanken und Worte. Stärke meinen Glauben und aktiviere die Liebe in meinem Herzen. Danke für dein Kommen!

Wir nehmen ganz deutlich wahr, wie Erzengel Michael auf einem blau-goldenen Lichtstrahl zu uns herniederschwebt. Sein blaues Gewand sendet goldene Strahlen aus und das Schwert in seiner Hand glänzt silbern.
Er sieht mächtig und kraftvoll aus und so steht er vor uns.
Wir fühlen seine Stärke und Reinheit und verschmelzen mit seiner blau-goldenen Schwingung. Viele Engel sind um uns herum und vermitteln ein Gefühl von Geborgenheit.
Erzengel Michael spricht zu uns:

„Geliebter Erdenmensch, du Kind Gottes, ich grüße dich.
Mit Freuden habe ich deinen Ruf erhört und meine Hilfe ist dir gewiss. Ich möchte dir bewusst machen, dass du ein Teil der göttlichen Kraft und des göttlichen Willens bist. Ich werde dich aus deinen selbstgeschaffenen Ketten befreien. Lass dich von meiner blauen Lichtenergie aufladen.
Lass es zu, dass ich dir einen pulsierenden Schutzring aus blauem Feuer umlege, der dich gegen alles Destruktive schützt. Stärke deinen Glauben, denn gemäß deinem Glauben wird dir geschehen.
Sage mir, wo deine Not ist und wo du meine Hilfe brauchst. Lasse dann alles Irdische los und lass das blaue spirituelle Feuer in dir wirken."

Gedanklich übergeben wir Erzengel Michael unseren Zettel mit unserer Fürbitte.
Wir spüren erneut Michaels Berührung auf unserem Scheitel. Fühlen blaue Licht-Energie über unsere Stirn fließen. Negative Gedanken werden vom Licht geblendet

und aufgelöst. Licht und Klarheit breiten sich in unserem Denken aus.
Die blaue Lichtenergie fließt weiter über unsere Augen. Macht unseren Blick klar für unsere Zukunft und für die Lernprozesse aus der Vergangenheit.
Die Lichtenergie fließt über unsere Nase und löst die Probleme auf, von denen wir die Nase voll hatten.
Das blaue Licht fließt über unseren Mund und nimmt alle negativen Worte mit. In uns wächst der Mut, unsere Gefühle auszusprechen und die Probleme zu lösen, ohne den anderen zu belasten. Wir bekommen neue Möglichkeiten der Wortwahl und achten darauf, alles Gesprochene positiv zu formulieren. Ja, wir spüren deutlich, dass wir im Denken, Reden und Handeln unser eigener Schöpfer sind!
Wir fühlen uns nicht mehr hilflos, sondern sicher und getragen.
Immer tiefer sinken wir in unseren Entspannungszustand.
Das Wohlbefinden breitet sich über unseren Nacken, entlang den Schultern, in unsere Arme und Hände bis in die Fingerspitzen aus. Alle Verkrampfung lockert sich und wir fühlen uns auf einmal handlungsfähig.

Weiter fließt das blaue Licht in die Brust, den Rücken hinab in das Becken und in die Hüften, von dort in die Beine und in die Füße, die ganz leicht werden.
Alle negativ emotional belastenden Verbindungen, wie Sorgen, Ärger, Wut, Angst, usw., die uns an andere Menschen gekettet haben, fließen aus unseren Zehenspitzen heraus.
Wir gleiten in Frieden dahin.

Nun spüren wir eine Spirale blauen Lichtes um uns aufsteigen. Michael legt einen pulsierenden Schutzring um uns, der uns schützen soll gegen alles Negative und Destruktive.
Wir fühlen uns in Liebe emporgehoben. In unserem Herzen brennt die göttliche Flamme.
So verweilen wir noch einen Moment und genießen die blaue Flamme in Tätigkeit.
Und Erzengel Michael spricht:

"Höre nun auf meine Botschaft, geliebter Erdenmensch. Begib dich immer wieder in meine blaue Lichtenergie, bis du dich rein und klar fühlst. Sie ist eine Quelle für Gesundheit, Glück und Fülle.
Lässt du mein blaues Licht in dein Fühlen und Denken einfließen, verstärkst du die Liebe und Weisheit in dir und du energetisierst, was du betrachtest und berührst.
Wir Engel kommen zu euch, um euch durch die Welt von Hass und Streit zu führen.
Ihr selber seid es, die ihr wählen müsst zwischen Liebe und Hass, zwischen Gut und Böse.
Sobald ihr Menschen erkennt, dass ihr selbst für Liebe und Leid auf der Welt die Mitverantwortung tragt, könnt ihr entscheiden, mit welchen Gedanken, Worten und Taten ihr Mitschöpfer an euren Lebensumständen sein wollt.
Sobald ihr gewahr werdet, dass ihr immer nur auf das Verhalten anderer Menschen reagiert und euch somit selbst zum Opfer gemacht habt, könnt ihr die Situation verändern. Trainiere du, statt negativ zu reagieren,

positiv zu agieren und alles, was du zu sagen hast, freundlich, aber bestimmt zu sagen.
Übernimm hier die Verantwortung und überlasse die Veränderung nicht den anderen.
Du hast die Macht, die Zustände zu verändern, wenn du nicht nachlässt, das Gute zu verstärken.
Mit dieser Friedensstrahlung veränderst du dich und dein Umfeld. Willst du ein Friedenslicht in dieser Welt werden?
Wenn du dich dafür entscheidest, werde ich deine Stütze sein und dich stets in meine Friedensstrahlung einhüllen.

Schlage die Bibel auf und lies im Lukas-Evangelium 6, ab Vers 27 von der vollkommenen Liebe:

"Warum erwartet ihr eine Belohnung, wenn ihr nur die liebt, die euch auch lieben? Das tun sogar die Menschen, die nicht nach Gott fragen. Warum erwartet ihr eine Belohnung, wenn ihr nur die gut behandelt, die euch auch gut behandeln? Das tun die anderen auch. Was siehst du den Splitter im Auge des anderen und bemerkst nicht den Balken in deinem eigenen?"

Eure Gesetze sind Auge um Auge, Zahn um Zahn. Das ist einfach. Die göttlichen Gesetze lasst ihr außer Acht, denn hier geht es um Feindesliebe, um Verzeihen.
Es übersteigt eure Vorstellungskraft, mit jemandem Frieden zu schließen, mit dem ihr in Zwietracht lebt.

Nehme die Sichtweise des anderen Menschen ernst und erkläre ihm deine Sichtweise. Denke mit ihm über eine Lösung nach und sage ihm, dass du nicht möchtest, dass er unzufrieden ist. Ihr Menschen habt so große Angst vor Auseinandersetzungen. Ihr Menschen meint immer, Auseinandersetzungen müssen negativ ablaufen. Ihr habt neutrales Agieren bei Auseinandersetzungen einfach nicht gelernt.

Lass den Ärger, das Negative, bei dem anderen. Trainiere, neutral zu bleiben und dich mit meinem blauen Lichtstrahl zu verbinden. Damit erhebst du deinen Geist und erhebst dich über das Negative. So kannst du mit positiv stärkenden Formulierungen den anderen beruhigen oder auch beschämen, weil er nicht darauf eingestellt ist.

Die Menschen, die euch belasten, sind nicht dazu da, euch das Leben schwer zu machen.

Sie sind eure Herausforderung auf dem Weg eurer spirituellen Entwicklung. Sie zeigen euch, ob ihr mit Selbstwert, Verantwortung, Mut und Verständnis agiert oder mit Minderwert, Ärger, Angst und Groll reagiert.

Sie sind zu eurer Selbsterkenntnis in euer Leben getreten. Wenn du erkennst, dass das Negative in eurer Welt nur zum Lernen, zur Weiterentwicklung da ist, dann siehst du die Welt auf einmal mit anderen Augen und brauchst nichts mehr zu bekämpfen. Dann wird das scheinbar Böse auf der Welt für dich zur Illusion, denn du erkennst dahinter die Wirklichkeit.

Verstehst du, wie einfach eigentlich alles ist?

Das Negative wird weiterhin auf dieser Welt als Lernprozess für die Menschen bleiben. Beobachte die Menschen und sieh, wie sie sich mit Ärger, Eifersucht, Hass, Angst, Stress, Kummer und vieles mehr, das Leben selbst schwer machen und ihre Seelenqualen das Fegefeuer der Hölle symbolisieren.

Erkennst du dich auch darin wieder?

Trage deshalb Sorge dafür, dass es bei Auseinandersetzungen mit anderen Menschen weder Sieger noch Verlierer gibt, sondern alle als Sieger hervorgehen.

Wer das Leben als Machtkampf ansieht, endet letztlich als müder, erschöpfter, von der Welt enttäuschter Kämpfer.

Begrenze dich nicht länger mit einschränkenden Gedanken.

Richte dich nicht länger nach der Meinung anderer Menschen, wenn du anderer Meinung bist.

Wenn dir jemand sagt, „Geld verdirbt den Charakter" oder „Geld macht nicht glücklich" dann nicke nicht zustimmend, sondern frage: „Warst du denn schon einmal reich, dass du dies behaupten kannst? Für mich ist Geld etwas Schönes."

Wenn jemand sagt: „Die Welt ist schlecht", dann nicke nicht zustimmend, wenn du anderer Meinung bist, sondern sage:

„Die Welt ist für mich wunderschön und die Menschen in ihrer Unterschiedlichkeit sehr interessant. Nur ihre Taten sind nicht immer gut."

Habe keine Angst, deine eigene Meinung selbstbewusst zu äußern, ohne den anderen zu diffamieren. Er darf seine Meinung behalten. Glaube an deine Macht und an deine eigene Kraft, ohne überheblich zu wirken.

Zweifelst du deine eigenen Fähigkeiten an, dann absolviere doch einmal ein Feuerlauf-Seminar, oder lerne, wie du Löffel verbiegen kannst. Erfahre doch einmal die Macht des Geistes über die Materie. Dann erlebst du, was möglich ist, wenn du dein Ego aufgibst.
Nun senke ich mein Lichtschwert in dein Bewusstsein. Ich schneide dich frei von allen negativen Belastungen und Erinnerungen.
Fühlst du die Reinheit und Klarheit, die sich in dir ausbreitet?
Lass dich nun von meiner Liebe und Kraft aufladen. Halte diese Energie stets in deinem Bewusstsein, damit sie immer in dir wirken und du zu deinem Wohle und zum Wohle der Menschen handeln kannst."

Wir spüren die Kraft des blauen Lichtes in jeder Zelle unseres Körpers, in unserem Bewusstsein und in unserer Seele. Sie stärkt unseren Mut, mit Geduld und Beharrlichkeit an unserer neuen Situation zu arbeiten.
Dankbarkeit und Freude erfüllen unser Herz.
Und wir hören weiterhin auf Erzengel Michaels Stimme:

„Du hast mich angerufen und ich danke dir, dass ich dir den Weg weisen durfte. Du stehst unter meinem Schutz und ich werde mit meiner blauen Flamme die Liebe in deinem Herzen aktivieren.

Bleibe im Bewusstsein des blauen Lichtes und bleibe im Bewusstsein des ICH BIN göttliche Liebe und göttliches Licht. Das wird dir Kraft und Mut für dein neues Leben geben. Rufe mich jederzeit an, wann immer du meine Hilfe benötigst.
Ich segne dich im Namen der göttlichen Liebe."

Wir dürfen noch eine Weile in dieser wunderbaren Lichtschwingung verweilen, bis Erzengel Michael sich von uns löst.
Mit einer Handbewegung über unseren Kopf versiegelt er den blauen Lichtstrahl in uns. Wir fühlen uns wie eine Kraftzentrale, voller Energie für die kommenden Aufgaben.
Wir legen unsere Hände vor unserem Herzen zusammen und bedanken uns demütig.

Erzengel Michael verabschiedet sich mit einer würdevollen Verbeugung und wir sehen, wie er in den Wolken verschwindet. Seine Engelschar folgt ihm wie ein Lichtschweif.

Wir sammeln nun langsam unsere Gedanken, atmen wieder tiefer ein und aus. Nehmen unseren Körper wahr und fühlen den festen Boden unter unseren Füßen. Ganz bewusst kommen wir zurück in das Hier und Jetzt.

Wir öffnen unsere Augen, recken und strecken uns und genießen die Glückseligkeit und Freude in unserem Herzen.
Wir nehmen den Zettel mit unserer Fürbitte, schneiden die negativen Formulierungen ab und zerreißen oder verbrennen sie als Symbol der Auflösung.

Unsere positiv formulierten Wünsche schreiben wir nach unseren neuen Erkenntnissen um, bis wir mit Vorstellung und Gefühl einverstanden sind und wir uns wohl und voller Freude fühlen.

Die neuen, positiven Verhaltensweisen lesen, verinnerlichen und festigen wir täglich mehr, bis wir in der Lage sind, sie voller Mut umzusetzen.

Mit dem Licht Michaels in unserem Herzen haben wir die Kraft, unsere Lernprozesse anzugehen.

Ganz bewusst verlassen wir unsere Opferhaltung und gehen in eine Zukunft voller Selbstbestimmung.

Die Kraft,
die du bei
guten Taten spürst,
sind die Flügel
deines Engels,
der dich umarmt!

Erzengel Gabriel

Erzengel Gabriel

"Gavri-el": Stärke in Gott –
Gott ist meine Stärke

Seine Bedeutung: Reinigung, Prophezeiung, Visionen, Inspiration, Führung, Erkenntnis

Sein Tag: Montag

Seine Farbe: weiß

Sein Stein: Bergkristall

Sein Duft: Lavendel

Engel der Reinheit und der Auferstehung

rzengel Gabriel ist der Engel, der Botschaften bringt zum Heile der Menschen. Er ist Künder von der Allmacht Gottes. Sonniger Bote des Himmels auf der Erde. Er ist der Engel, der uns Menschen göttliches Licht und göttliche Liebe zeigt und schenkt. Er hilft uns, in die göttliche Vollkommenheit aufzusteigen, um hiermit die vollkommene Freiheit zu erfahren.

Der Aufstieg zu Gott ist der Wunsch aller Menschen. Mit unserem menschlichen Bewusstsein reichen wir nicht in dieses Wissen.

Erzengel Gabriel kann mit seinem kristallweißen Licht eine Brücke zu dieser Erkenntnis schlagen und unser Herz mit Hoffnung auf das Kommende erfüllen.

Er wurde von Gott als Wächter von Gut und Böse eingesetzt. Er soll es gewesen sein, der Adam und Eva aus dem Paradies vertrieb, nachdem sie vom Baum der Erkenntnis, der auch "Baum des Gut und Böse" genannt wurde, gegessen hatten. Mit dieser Vertreibung aus dem Paradies, aus dem Garten Eden, begann die Evolution.

Seitdem drängt die Menschen eine unbestimmte Sehnsucht. Sie sind immer irgendwie auf der Suche nach dem Paradies, nach dem vollkommenen Glück. Auf der Suche nach der göttlichen Wahrheit.

Und weiterhin essen wir täglich von dem „Baum der Erkenntnis", indem wir jeden Tag Erfahrung mit Gut und Böse machen. Der tiefe Wunsch des Menschen ist die Überwindung des Bösen auf dieser Welt.

Erzengel Gabriel bringt uns die Erkenntnis, dass, wenn jeder beginnt, sich selbst zu lieben und anderen bedingungslose Liebe zu geben, Schritt für Schritt in das Paradies der geistigen Freiheit geht.

Doch wir Menschen tun uns schwer mit der Überwindung des "Bösen". Einer erwartet von dem anderen, dass er mit dem Anderssein beginnt. Denn wir meinen, erst wenn die anderen anders sind, ändert sich unsere Situation. Erst wenn die anderen Liebe und Frieden leben, ist die Welt gerettet und der Weg zu Gott frei.

Wir sind für die anderen aber auch der andere, von dem Veränderung erwartet wird.

Wenn wir uns mit Erzengel Gabriel verbinden, hilft er uns, aus unserer einschränkenden Erwartungshaltung und aus unserem negativen Gedankengut herauszukommen und unser menschliches Bewusstsein für positives Agieren zu schulen.

Sein weißes, reines Licht ist die Ursubstanz, aus der alles besteht, was ist. Es enthält alle anderen Farben und deren Eigenschaften.

Es erleuchtet, heilt, beschützt, reinigt und erhebt und wir erleben, wenn wir den anderen Menschen ermutigen, loben und wertschätzen, dass wir in eine andere Schwingung gehen.

Wenn wir trainieren, das Negative bei dem anderen zu lassen, uns nicht angegriffen fühlen, sondern neutral mit negativen Worten und Handlungen umgehen können, wird uns immer weniger Negatives geschehen. Wir sind dann keine Opfer mehr, sondern handelnde „Täter".

Nur Menschen mit Opferschwingung werden belastet, nur Opfer werden getreten.

Halten wir Erzengel Gabriel stets an unserer Seite und bitten wir ihn, in unsere inneren negativen Zustände das kristallweiße Licht der Reinheit und der Liebe fließen zu lassen und unser Bewusstsein im göttlichen Licht zu halten.

Dann werden wir fähig, aus eigener Kraft und aus freiem Willen die Verbindung zu Gott und damit zur lichten geistigen Welt herzustellen.

Dann sind wir fähig zu erkennen, dass wir die Erfüllung des göttlichen Willens in uns selber finden, was wir im Außen suchten.

Wir können ihn anrufen, wenn wir Reinigung brauchen:
- wenn wir negative Energie in uns fühlen
- wenn wir uns Probleme anderer zu eigen machen und uns dadurch unfrei und belastet fühlen
- wenn wir überwiegend negativ reagieren
- weil wir uns irgendwie unrein und schmutzig fühlen
- wenn wir unnötigen Ballast abwerfen wollen, um innerlich frei zu werden
- wenn wir uns in unserer Wohnung nicht wohlfühlen

Wir können ihn anrufen, wenn wir Visionen, Inspiration oder Antrieb brauchen:
- wenn wir eine Vision erhalten wollen, die uns bei einer Entscheidung unterstützt
- wenn unsere positive Vorstellungskraft blockiert ist
- weil wir eine Inspiration über bevorstehende Veränderungen haben wollen

Wir können ihn anrufen, wenn wir Führung brauchen:
- weil uns das Leben sinn- und freudlos erscheint
- um unsere wahre Berufung zu finden
- wenn wir berufliche Veränderungen angehen wollen
- immer wenn irgendwelche Veränderungen anstehen und wir die Folgen nicht überblicken können.

Wollen wir mithilfe Gabriels unsere positive Veränderung angehen und die festgefahrene Situation lösen, schreiben wir alles, was uns belastet, auf einen Zettel und drücken unsere negativen Gefühle so realistisch wie möglich aus.

Wenn das geschehen ist, stellen wir uns die Frage, ob wir das negative Gefühl, unsere einschränkende Sichtweise, wirklich los sein wollen.

Es kann ja sein, dass wir die negative Welt weiterhin als realistisch, die positive Welt aber weiterhin als wirklichkeitsfremd und unerreichbar ansehen wollen.

Oder ob wir weiterhin glauben wollen, dass wir mit anderem Gedankengut auch nichts verändern können.

Oder ob wir glauben, dass die negativen Energien anderer Menschen an unserem Missstand schuld sind und wir sowieso nichts dagegen tun können.

Wenn wir aber bereit sind, die negative Sichtweise und den Ballast, den wir mit uns herumschleppen, aufzugeben, um im Geist frei sein zu können, weil wir erkannt haben, dass uns dieser Ballast und die einschränkenden Sichtweisen nur blockieren und nicht glücklich machen, atmen wir dreimal tief durch.

Wir verändern nun unsere Gedankenqualität und gehen ganz bewusst in die positive Vorstellung. Wir visualisieren und schreiben auf, wie wir in Zukunft unser Leben gerne gestalten und verändern, wo wir mutiger sein und das Handeln nicht länger anderen überlassen wollen.

Wir schreiben auf, wo wir Erzengel Gabriels Hilfe und Unterstützung brauchen.

Wir geben unser Bestes, die positive Vorstellung als Wahrheit zu fühlen und entsprechend zu formulieren. Erst wenn wir ganz zufrieden mit den Formulierungen sind, falten wir den Zettel und legen ihn auf den Altar.

Nun bereiten wir uns auf unsere Anrufung vor.

Anrufung Erzengel Gabriel

Wenn wir wollen, schmücken wir den Altar in Weiß und Silber, den Farben Gabriels. Wir stellen eine weiße und eine silberne oder eine weitere weiße Kerze dazu. Den Zettel mit der Fürbitte an Erzengel Gabriel falten wir und legen ihn ebenfalls auf den Altar.

Wir entzünden die eine weiße Kerze und sprechen dazu:

"Ich entzünde diese weiße Kerze und segne das Licht. Ich bitte das Licht, meinen Geist zu erhellen und meine Gedanken im Licht zu halten. Ich rufe die Heerscharen des Himmels und der Erde, diesen Raum zu reinigen und zu segnen, auf dass Licht, Friede und Harmonie allzeit in diesem Raum herrschen. So sei es!"

An dieser weißen Kerze entzünden wir die silberne oder weiße Kerze, die wir für Erzengel Gabriel segnen wollen und sprechen dazu:

"Ich entzünde diese weiße Kerze für Erzengel Gabriel und segne sie zum Zeichen meiner Verbundenheit mit ihm. Möge sein Licht meine Einschränkungen und Belastungen auflösen. Möge er meine Auferstehungskräfte aufnehmen und in das göttliche Christus-Bewusstsein erheben. So sei es!"

Wir stellen die Kerze auf den Altar, setzen uns und nehmen den Stein, den wir für Erzengel Gabriel segnen wollen, in unsere linke Hand und legen unsere rechte Hand darauf. Wir schließen unsere Augen, atmen vertiefter, nehmen den Stein in unserer Hand bewusst wahr, verbinden uns gedanklich mit Erzengel Gabriel, den wir uns in einem strahlend silberweißen Gewand vorstellen und sprechen nun:

*"Ich segne und weihe diesen Stein Erzengel Gabriel und seinen himmlischen Helferscharen als Band zwischen Himmel und Erde. Mögen sie das Band energetisieren und mir helfen, im Engelbewusstsein zu bleiben.
So sei es!"*

Wir legen den so gesegneten Stein auf den Altar zurück, können nun eine schöne Entspannungsmusik einschalten und nehmen den Zettel mit unserer Fürbitte in die Hand.

Wir setzen oder knien uns vor unseren Altar, schließen unsere Augen und konzentrieren uns wieder auf unseren Atem. Wir lassen die Atemzüge immer langsamer und tiefer werden und wenn wir uns ruhig und entspannt fühlen, stellen wir uns gedanklich wieder auf Erzengel Gabriel ein, der uns das strahlend weiße Licht, welches die Reinheit aller guten Taten symbolisiert, bringt.

Und wir sprechen:

"Erzengel Gabriel, du Herrscher des Lichts und Engel der Auferstehung, ich rufe dich an. Komm zu mir und bringe mir dein weißes Feuer der Erneuerung. Hilf mir, aus meinen Verstrickungen herauszukommen. Erleuchte meinen Geist, damit ich in Erkenntnis und Klarheit meinen weiteren Lebensweg gehen kann. Danke für dein Kommen!"

Wir visualisieren, wie der leuchtende, prächtige Erzengel Gabriel, in ein strahlend weißes Lichtgewand gehüllt, aus der unendlichen Weite des Universums mit seiner Engelschar auf einer silbernen Lichtwolke zu uns herniederschwebt.

Sein weißes Licht ist eine alles durchdringende Energiequelle von vollkommener Klarheit und Reinheit. Es stellt die Verbindung zwischen dem reinen göttlichen Plan und der Materie her. Es ermöglicht uns, Dinge klarer zu erkennen und zu sehen, wo wir uns in einer bestimmten Situation festgefahren haben.

Erzengel Gabriel ist mit seiner Engelschar in unser Zimmer geschwebt und unser Zimmer dehnt sich weit aus, um allen Engeln Platz zu bieten. Das Zimmer ist nun in strahlend weißes Licht getaucht, welches uns warm und wohlig einhüllt.

Gabriel steht vor uns und schaut uns liebevoll an. Er gebietet uns aufzustehen und wir tauchen ein in sein alles durchdringendes Energiefeld. Die Engel haben sich um uns geschart. Gabriel berührt uns mit seiner lichtvoll strahlenden Hand auf unserer Kopfmitte. Licht und göttliche Liebe strömen in unsere Kopfmitte ein. Wir baden im weißen Licht der Reinheitsflamme und spüren einen Moment lang die Reinheit unserer Seele, die wir erlangen können, wenn wir uns, so wie wir sind, in die Liebe Gottes begeben und diese auf Erden immer mehr leben.

Erzengel Gabriel spricht zu uns:

"Lieber Erdenmensch, mit Freuden habe ich dein Rufen erhört. Mit Freuden lasse ich das kristallweiße Licht der Reinheit und der Liebe in dein Bewusstsein fließen, damit alles Negative geblendet und aufgelöst wird und du in das göttliche Christusbewusstsein eintauchen kannst.

Ich freue mich, dass du bereit bist, dein Bewusstsein zu erheben und deine Gedankenqualität zu deinem Wohl und zum Wohle der Menschen zu verändern. Tauche ein in mein lebendiges Licht und lasse mich deine Seele berühren.

Sage mir, was ich für dich tun kann."

Gedanklich übergeben wir Erzengel Gabriel unseren Zettel mit unserer Fürbitte.

Erzengel Gabriel umarmt uns. Wir spüren seine besondere Gnade, denn wir fühlen uns in die Energie Gottes eingetaucht.

Wir fühlen uns emporgehoben. In diesen Höhen verstehen und akzeptieren wir das Sein der Welt und wissen, dass wir all unsere Sorgen, Nöte und Ängste hier abgeben können.

Gabriel umarmt uns fester und nimmt uns mit in unsere Tiefen. Wir tauchen mit dem lichtstrahlenden Engel in unsere Schattenseiten ein, in das, was wir in uns nicht akzeptieren wollen.

Wir schauen uns unsere Schattenseiten an und sehen, auch hier ist die Liebe Gottes. Wir fühlen uns vollkommen. Wir sehen, so wie es ist, ist alles richtig, denn wir erkennen, dass unsere Schattenseiten nichts Böses sind, sondern unsere Aufgabe, daran zu arbeiten, um zu lernen und zu wachsen.

Erzengel Gabriels weißes, reines Licht fließt und strömt langsam durch unseren ganzen Körper und nimmt alle

Ängste, alle Verzweiflung, alle Mutlosigkeit und Blockaden mit. Wir brauchen nur noch loszulassen.

Alles was wir an negativen Belastungen mit uns herumgeschleppt haben, fließt aus unseren Fußsohlen heraus in Mutter Erde, die es neutralisiert und in positive Energie umwandelt.

Für diesen Prozess bekommen wir so viel Zeit wie wir brauchen, bis wir Reinheit und Klarheit in uns fühlen.

Nun trägt uns Erzengel Gabriel wieder aus unseren Tiefen empor. Wir lassen uns noch einmal durchfluten von seiner göttlichen Lichtenergie.

Wir spüren die Klarheit und Reinheit unseres Geistes.

Und Erzengel Gabriel spricht:

"Alles Negative, das du als Ballast mit dir herumgeschleppt hast, ist nun aufgelöst. Spürst du die Freiheit deiner Seele und deines Geistes?

Dann stelle dir nun vor, wie du dein Leben in Zukunft haben und gestalten möchtest, wie du sein möchtest. Alles existiert bereits, du brauchst es nur in dein Leben zu holen.

Niemand außer dir selbst ist dein Schöpfer. Niemand außer dir selbst ist für dein Leben verantwortlich.

Ich stärke deinen Geist, damit du die Kraft hast, an die Realisierung deiner Wünsche und Vorstellungen zu glauben.

In der Bibel steht geschrieben: „Alles was du bittest im Gebet, so du glaubest, wird es sich erfüllen."

Wenn du etwas erreichen willst, mache Pläne. Stelle dir vor und schreibe auf, wie du diese Pläne verwirklichen willst, was du dafür tun musst. Überlasse nichts dem Zufall.

Stelle es dir immer so vor, als hättest du es schon. Deine Gedanken sind Energie, sind elektromagnetische Wellen. Sie werden ausgestrahlt und von den Menschen empfangen, die die gleiche Gedankenschwingung haben. Das sind die Menschen oder Begebenheiten, die du zur Erfüllung deiner Wünsche oder Bitten brauchst. Sie werden in dein Leben treten.

Deshalb erfülle dich mit Liebe, Dankbarkeit, Freude und Erfolgsgedanken, um dies in dein Leben zu ziehen.

Gib nie anderen Menschen Schuld an irgendeiner Situation.

Damit machst du dich zum Opfer und lässt zu, dass andere Macht über dich haben.

Erkenne dich selbst. Erkenne, dass du immer mitverantwortlich bist. Lerne aus Fehlern und frage dich immer, was du tun kannst, damit sich etwas zum Positiven verändern kann.

Merkst du, dass du zu schwach bist, Dinge anzupacken und umzusetzen, dann arbeite an dir, stark zu werden. Besuche Seminare, lese Bücher, lerne und trainiere. Habe Freude an deiner bewussten Weiterentwicklung.

Denke immer daran, du stärkst das, wo du deine Gedanken, deine Energie hingibst. Überprüfe immer wieder deine Gedanken, ob du noch auf deinem erwünschten Weg bist.

Wir Engel dürfen euch Menschen die Entwicklungsaufgaben nicht abnehmen. Wir dürfen euch den Weg zeigen, aber umsetzen müsst ihr es selber. Wir ebnen euch aber den Weg, wenn ihr mit uns zusammenarbeitet. So oft du Hilfe brauchst, kannst du uns anrufen. Gottes Liebe und Segen sei mit dir!"
Erzengel Gabriel löst sich von uns und wir fühlen uns wie eine strahlende Lichtsäule. Mit einer Handbewegung über unserem Kopf verschließt er das Licht in uns. Wir fühlen den Mut und die Kraft, für unsere Veränderung die Verantwortung zu übernehmen.

Wir legen unsere Hände in Herzhöhe vor unseren Körper und voller Demut und Dankbarkeit verbeugen wir uns vor Erzengel Gabriel.
Gabriel verbeugt sich ebenfalls mit zusammengelegten Händen von uns und verabschiedet sich mit seiner Engelschar.
Sie schweben auf der gleißenden Lichtwolke davon und wir schauen ihnen nach, bis sie in den Wolken entschwunden sind.

Wenn wir bereit sind, sammeln wir wieder unsere Gedanken, atmen tiefer ein und aus, fühlen wieder den Boden unter unseren Füßen, fühlen, wie die Kraft in unseren Körper zurückkehrt, und kommen zurück in das Hier und Jetzt.
Wir öffnen unsere Augen, recken und strecken uns und freuen uns auf unsere neue Zukunft.
Wir nehmen den Zettel mit unserer Fürbitte, schneiden die negativen Formulierungen ab und zerreißen oder verbrennen sie als Symbol der Auflösung.

Unsere positiv formulierten Wünsche überprüfen wir noch einmal, ob alles so richtig ist oder schreiben sie neu.

Täglich lesen wir diese Sätze mindestens einmal, stellen uns alles ganz bildhaft vor und machen Pläne zur Verwirklichung des Vorgestellten.

Wir erfüllen uns ganz fest mit der Gewissheit, dass alles so geschieht, wie es für uns richtig ist, damit geschehen kann, was für uns richtig ist.

Vertraue darauf,
dass der Engel,
den du gerufen hast,
immer bei dir ist
und spüre seine Kraft!

Erzengel Camael

Erzengel Camael

„Chamu-el": Der welcher Gott sieht –
Gott ist mein Ziel

Seine Bedeutung: Liebe, Beziehungen, Trost,
Wiedergutmachung, Mildtätigkeit

Sein Tag: Dienstag

Seine Farbe: Rosa

Sein Stein: Rosenquarz

Sein Duft: Rosenduft

Engel der Anbetung

Erzengel Camael ist der Engel, der die Eigenliebe in uns weckt, wenn es uns schwerfällt, uns selbst zu lieben. Er verkörpert die bedingungslose Liebe.
Gott ist Liebe und da wir Kinder Gottes sind, sind auch wir Liebe. Diese Liebe gilt es anzunehmen, zu verinnerlichen und zu leben. Camael will mit seinem rosafarbenen Licht unseren göttlichen Funken in unserem Herzen zu einer strahlenden, kraftvollen, Liebe ausströmenden Flamme anfachen, damit wir ein liebender Mensch in Tätigkeit werden. Diese rosa Farbschwingungen erzeugen in uns das Gefühl des Urvertrauens, des sich geliebt und geborgen Fühlens. Unsere innere Liebe zu uns selbst wird dafür sorgen, dass wir uns immer geliebt fühlen und es deshalb im Leben leichter haben.

Wir sind dann nicht mehr abhängig von der Liebe anderer, werden nicht mehr von Selbstzweifel geplagt, wenn niemand zu uns sagt: "Ich liebe dich!", brauchen nicht mehr um Liebe zu buhlen, was meist in einer Enttäuschung endet, da wir so dem anderen die Verantwortung für unser Glück aufbürden.
Erzengel Camael vermittelt uns, dass wir nur, wenn wir echte Liebe geben, auch echte Liebe bekommen. Geben heißt bekommen, denn jede Energieform wird transformiert, sodass das strahlende rosa Liebes-Licht, das wir auf andere ausstrahlen, auf uns selbst zurückfällt und unsere Seele mit einem warmen Wohlgefühl erfüllt. Erz-

engel Camael hilft uns, andere Menschen ohne Besitzanspruch und ohne Einengung zu lieben.
Er möchte unser Liebesfeuer wieder in Tätigkeit bringen, möchte uns zu einer kosmischen Lichtquelle machen.
Seine rosa Flamme schmilzt jedes Gefühl der Unvollkommenheit aus unserem Geist. Er lässt uns erkennen, dass wir als göttliche Wesen vollkommen sind.
Viele Menschen sagen: „Ich habe keine Liebe bekommen, deshalb kann ich auch keine Liebe geben. Erst muss ich doch etwas bekommen, bevor ich es geben kann".
Eigenschaften aber sind neutral. Eigenschaften, negativ wie positiv, sind alle in uns. Wir brauchen sie also nur anzuwenden.
Vielen Menschen fällt es leichter, die negativen Eigenschaften zu leben. Sie haben keine Probleme damit, sich zu ärgern, wütend zu sein, andere zu beneiden oder zu beschuldigen, sich selber abzuwerten, unsicher zu sein, usw.
Wenn es aber darum geht, sich selber in seinem So-Sein anzunehmen, sich wertzuschätzen, sich zu loben, liebevoll über sich zu denken, Selbstachtung zu haben, selbstbewusst und positiv zu agieren, usw., geraten sehr viele Menschen in Not. Sie können diese positiven Eigenschaften nicht umsetzen, weil sie gelernt haben, dass Eigenlob eine schlechte, eine arrogante Eigenschaft ist.

Sie haben sich damit, ohne die Tauglichkeit der Behauptung zu hinterfragen, selbst in den Minderwert begeben.

Da es einem göttlichen Menschen nicht ansteht, im Minderwert zu sein, ist es notwendig, diese "Not zu wenden" um die positiven Eigenschaften leben zu können.

Hier ist Erzengel Camael unser Ansprechpartner. Er wird die Essenz der Eigenliebe in uns einfließen und uns die Ungezwungenheit der göttlichen Liebe fühlen lassen. Haben wir uns von einem anderen Menschen belasten lassen, waren wir offen für das Negative. Sind wir in der Liebe, dann sind wir stark und geschützt und das Negative bleibt bei dem anderen. Wir sind dann in der Lage, neutral zu agieren.

Wir werden täglich mit negativen Informationen überschwemmt und sollen lernen, es selbst nicht zu leben. Jesus sagte schon in seiner Lehre:

„Nicht das macht den Menschen unrein, was er durch den Mund aufnimmt, sondern das, was aus seinem Mund herauskommt."

Nutzen wir unser Alleinsein, um uns mit Erzengel Camael und seinen Engeln zu verbinden.

Rufen wir ihn an und lassen wir uns von ihm in unserem Innersten umwandeln und uns eine neue Gesinnung schenken.

Wir können ihn anrufen, wenn wir Liebe brauchen:

- wenn wir negative Lebenseinstellungen haben
- weil wir keine Eigenliebe empfinden
- wenn wir nicht fähig sind, andere zu lieben
- wenn sich unser Herz schwer, traurig oder einsam fühlt
- weil wir andere ohne Hintergrundwissen einfach verurteilen

Wir können ihn anrufen, wenn wir Trost brauchen:
- weil eine Beziehung zerbrochen ist
- wenn wir einen Menschen durch Tod verloren haben
- wenn sich unser Kind hat scheiden lassen
- wenn wir keine Geborgenheit spüren

Wir können ihn anrufen, wenn wir unsere Beziehung verbessern wollen:
- weil wir an unsere Beziehung Bedingungen knüpfen
- wenn wir den anderen zu sehr einengen
- wenn wir die Beziehung zu unserem Kind verbessern wollen
- weil wir in unsere Probleme nicht ansprechen können
- weil wir nicht genug loben und wertschätzen können

Möchten wir Erzengel Camael anrufen, um immer mehr zu einem leuchtenden Licht, zu einer kosmischen Liebesquelle zu werden, schreiben wir alle Gefühle und Gedanken, die uns negativ belasten, so realistisch wie möglich auf einen Zettel.

Wir betrachten das Niedergeschriebene noch einmal und stellen uns die Frage, ob wir wirklich von diesen negativen Gefühlen und Gedanken befreit sein möchten, oder ob wir sie behalten wollen.

Es kann ja sein, dass wir meinen, es hat ja doch alles keinen Sinn mehr.

Oder dass wir lieber noch weiter mit dem Schicksal hadern wollen.

Oder dass wir meinen, es lässt sich sowieso nichts mehr ändern.

Oder dass wir Angst haben, als schwach angesehen zu werden, wenn wir plötzlich positiv, liebevoll und verständnisvoll agieren.

Wenn wir aber bereit sind, mit uns Frieden zu schließen, uns von dem irdischen Ballast zu befreien, das negative Gedankengut aufzulösen und mit Liebesenergie gesegnet zu werden, atmen wir dreimal tief durch.
Wir verändern nun unsere Gedankenqualität und gehen ganz bewusst in die positive, liebevolle Vorstellung.

Wir visualisieren und schreiben auf, wie wir unsere Gedanken, Worte und Taten in Zukunft gestalten wollen, welche Wege wir einschlagen wollen, um wieder Hoffnung in eine schöne Zukunft zu bekommen.
Wie wir trainieren wollen, die Meinung anderer zu akzeptieren und ihm seinen Lernprozess zu lassen. Was wir tun wollen, um unsere Eigenliebe zu stärken, usw.

Wir schreiben auf, wo wir Erzengel Camaels Hilfe und Unterstützung brauchen.
Wir geben unser Bestes, diese positive Vorstellung in uns als Wahrheit zu fühlen und entsprechend zu formulieren. Erst wenn wir ganz zufrieden mit den Formulierungen sind, falten wir den Zettel und legen ihn auf den Altar.

Nun bereiten wir uns auf die Anrufung vor.

Anrufung Erzengel Camael

Wir waschen unsere Hände und suchen unseren Altar auf, den wir in Rosa, der Farbe Erzengel Camaels, geschmückt haben. Wir stellen eine weiße und eine rosa Kerze dazu. Den Zettel mit unserer Fürbitte legen wir ebenfalls auf den Altar.

Wir entzünden die weiße Kerze und sprechen dazu:

„Ich entzünde diese weiße Kerze und segne das Licht. Ich bitte das Licht, meinen Geist zu erhellen und meine Gedanken im Licht zu halten. Ich rufe die Heerscharen des Himmels und der Erde, diesen Raum zu reinigen und zu segnen, auf dass Licht, Friede und Harmonie allzeit in diesem Raum herrschen. So sei es!"

An dieser weißen Kerze entzünden wir die rosafarbene Kerze, die wir für Erzengel Camael segnen wollen und sprechen dazu:

"Ich entzünde diese Kerze für Erzengel Camael und segne sie zum Zeichen meiner Verbundenheit mit ihm.

Möge sein Licht mein Herz erleuchten, auf dass Liebe ewig aus meinem Herzen strahlt. So sei es!"

Wir stellen die Kerze auf den Altar, setzen uns und nehmen den Stein, den wir für Erzengel Camael segnen wollen, in unsere linke Hand und legen die rechte Hand darauf.

Wir schließen unsere Augen, atmen vertiefter, nehmen den Stein in unserer Hand bewusst wahr, verbinden uns gedanklich mit Erzengel Camael, den wir uns in einem prächtigen, strahlend rosa Gewand vorstellen und sprechen nun:

„Ich segne und weihe diesen Stein Erzengel Camael und seinen himmlischen Helferscharen als Band zwischen Himmel und Erde. Mögen sie das Band energetisieren und uns helfen, im Engelbewusstsein zu bleiben. So sei es!"

Wir lassen den so gesegneten Stein in unseren Händen oder legen ihn auf den Altar.
Wir können nun auch eine schöne Entspannungsmusik einschalten. Unsere Augen sind geschlossen und wir konzentrieren uns wieder auf unseren Atem.
Wir lassen die Atemzüge immer langsamer und tiefer werden und wenn wir uns ruhig und entspannt fühlen, stellen wir uns gedanklich wieder auf Erzengel Camael ein, der uns als Bote der göttlichen Liebe das heilende rosa Feuer, welches das Symbol der sich verströmenden Liebe ist, bringt.

Und wir sprechen:

„Erzengel Camael, du Engel der Anbetung und bedingungslosen Liebe, ich rufe dich an. Komm zu mir und bringe mir die rosa Flamme der Liebe. Komm zu mir und entfache mit deinem Atem das göttliche rosa Feuer in mir.
Bringe mir Frieden und hilf mir, mit deiner kraftvollen Energie meine Eigenliebe zu stärken. Ich möchte immer mehr strahlende Liebe sein, damit ich bedingungslos lieben und meinen Mitmenschen tolerant und verständnisvoll begegnen kann.
Danke, dass du mich erhörst!"

Wir visualisieren nun, wie Erzengel Camael mit seiner Engelschar im strahlenden rosa Licht zu uns herniederschwebt und unseren ganzen Raum ausfüllt. Alles ist in strahlendes, funkelndes rosa Licht gehüllt.

Der Raum weitet sich aus, damit die ganze lichtvolle Schwingung aufgenommen werden kann.
So steht Erzengel Camael vor uns, ein mächtiger, aber sanfter Engel.
Das rosa Licht blendet uns in seiner vollkommenen Schönheit. Es glitzert und funkelt und der Anblick weitet unser Herz, unseren Geist und unsere Seele.
Wir fühlen die Kraft hinter dieser sanften Farbe und sind bereit, uns in diese Energie fallen zu lassen. Mit unsagbar sanften Augen schaut Erzengel Camael uns an. Die Engelschar hat sich um ihn geschart und auch sie schauen uns freundlich und liebevoll an.

Erzengel Camael spricht lächelnd zu uns:

„Liebes Kind der Erde, sei gegrüßt und gesegnet im Namen der göttlichen Allmacht. Deine Bitte habe ich erhört und ich bin dir unendlich dankbar, dass ich dich mit Liebe-Energie erfüllen darf. Begebe dich unter meinen Schutz.

Lass nun alles Irdische los und öffne dich meiner rosa Energiewolke. Lass so viel Liebe-Licht-Energie in dich einfließen, bis die feinstoffliche Schwingung des Lichtes ein Gefühl von Leichtigkeit und Beschwingtheit in dir auslöst.
Doch sage mir zuvor, was dein Problem ist."

Gedanklich übergeben wir Erzengel Camael den Zettel mit unserer Fürbitte.

Erzengel Camael öffnet uns sein Herz. Aus seinem Herzen strömt eine rosa Energie-Wolke, die uns sanft einhüllt, uns durchdringt und durchströmt. Die unseren Geist, unsere Seele und unseren Körper mit Liebe-Energie erfüllt und dann sanft zu unserem Herzen fließt.

Wir öffnen unser Herz und lassen diese göttliche rosa Liebe-Licht-Energie in unser Herz fließen.

Wir schauen in unser Herz und sehen, wie sich der göttliche Funke in unserem Herzen zu einer strahlenden rosa Energie-Spirale entwickelt, die sich in unserem ganzen Körper ausbreitet. Wir genießen es, dass jede Zelle unseres Körpers mit Liebe aufgeladen wird.

Wir lassen es zu, dass uns ein Gefühl von Liebe erfüllt. Liebe zu uns selbst und zur ganzen Schöpfung. Alle Probleme, aller Druck, alle Zweifel, alles Störende löst sich in dieser rosa Energie-Spirale auf. Wir sind nur noch Liebe.

Wir schwelgen so lange in diesem Zustand, wie wir möchten.

Dann verinnerlichen wir ganz fest dieses wunderbar warme Liebe-Licht-Gefühl in unserem Herzen, jederzeit bereit, es im Alltag zu leben und weiterzugeben.

Wir dürfen und wollen ein Engel auf Erden sein. Wir wollen mehr und mehr unsere menschlichen Begrenzungen lösen und immer mehr Liebe sein, denn nur dann erfahren wir das Gefühl von wirklicher Freiheit.

Erzengel Camael hält nun seine Hände über unser Haupt und spricht:

„Ich segne dich im Namen der Liebe, die unendlich viel stärker ist als alles auf dieser Welt. Friede sei mit dir! Du hast gespürt, wie du als strahlendes Licht in die Unendlichkeit einmünden kannst.

Stelle dir vor, wie diese Energie tausendfach verstärkt aus dem Universum zu dir zurückfließt. Kannst du erahnen, welche Möglichkeiten dir zur Verfügung stehen?

Doch kehren wir in die irdische Welt zurück. Euer physischer Körper dient euch hier als Werkzeug. Ohne ihn könntet ihr hier nicht überleben.

Euer Denk-Körper dient euch als Steuerungszentrale und euer Gefühlskörper dient eurem Lernprozess. Das Gefühl zeigt euch, was euch stark und glücklich und was euch schwach und unglücklich macht.

Gute Ideen und positive Gedanken versetzen euch in eine höhere Schwingung. Mit negativem Gedankengut gehen einschränkende Informationen an euren Geist und ihr macht euch damit selber gering.

Nährt eure Seele mit der wohltuenden Schwingung dankbarer Gedanken.

Lass dir mithilfe meiner rosa Lichtstrahlung deine negativen Gedanken immer mehr auflösen. Lass es zu, dass ich deine Seele in höhere Bereiche hinaufschwinge, wo Negativität keine Macht besitzt. Dort spürst du die Quelle der Wahrheit und Klarheit.

Ich besitze die Macht, die Kraft und die Weisheit der Umwandlung.

Spüre, dass auch du diese Eigenschaften besitzt und mit Liebe und Geduld die Dunkelheit in deiner Seele mit Licht erfüllen kannst.

Du hast oft Zweifel, ob du so richtig bist, wie du bist.

Ja, du bist richtig. Nur dein Denken und Handeln sind oft noch nicht richtig, weil du von anderen Menschen zu viel erwartest. Auch der andere Mensch ist oft nicht richtig im Denken und Handeln, erkenne dies!

Deshalb: Gehe in ein Bewusstsein des Verstehens.

Du kannst die Welt und die Menschen nicht verändern. Du kannst nur dich verändern, damit sich etwas verändern kann. Mit deiner Veränderung beeinflusst du dein Umfeld.

Du kannst ein nachahmenswertes Vorbild werden und so positive Kreise ziehen.

Beginne, gut über dich zu denken: „Ich liebe und akzeptiere mich von ganzem Herzen, so wie ich bin. Ich bin ein wertvoller, schöpferischer Mensch."

Wir fühlen, wie sich mit jedem Wort Erzengel Camaels die rosa Energie in uns vervielfältigt. Sie erzeugt eine sanft ansteigende Dynamik in unserem ganzen Körper. Unser Bewusstsein scheint ein Lichtkörper zu sein, in dem es für Negativität keinen Platz mehr gibt. Alles Negative scheint geblendet vom Licht, aufgelöst zu sein. Ein unsagbar überwältigendes Erlebnis.

Die Stimme Erzengel Camaels dringt wieder in unser Bewusstsein:

„Beachte, liebes Kind der Erde: Ohne Eigenliebe bist du energielos, kannst dein Leben nicht mit positiver Ausrichtung gestalten.
Nur wenn du dich selber liebst, bist du in der Lage zu lieben.
Ohne Eigenliebe bist du in einer emotionalen Abhängigkeit, die Leid und Leiden schafft.
Nutze die Kraft in deinem Inneren. Gib überall in das, was du verändern oder erreichen möchtest, das Gefühl von Liebe, denn damit ziehst du das Ergebnis an.
Jederzeit kannst du mich anrufen oder dich von meinem rosa Lichtstrahl energetisch aufladen lassen.
Ich segne dich mit der unvergänglichen Gnade Gottes."

Erzengel Camael hält dabei seine Hand über unseren Kopf. Er erfüllt unseren Raum noch einmal mit seiner rosa Energiewolke, bevor er mit seiner anmutigen Engelschar in der Weite des Universums entschwindet.

Wir haben unsere Hände vor unserer Brust zusammengelegt und nehmen in Demut und Dankbarkeit Abschied von Erzengel Camael.

Unser Herz fühlt sich weit an, voller Liebe, Frieden und Seligkeit. Einen Augenblick verharren wir noch in diesem Gefühl, das wir am Liebsten in uns versiegeln möchten.
Wenn wir uns bereit fühlen, sammeln wir wieder unsere Gedanken, atmen tiefer ein und aus und nehmen unseren Körper bewusst wahr.
Wir fühlen unsere feste Erdverbundenheit und kommen zurück in das Hier und Jetzt.

Wir öffnen unsere Augen, recken und strecken uns und freuen uns wieder auf diese Welt, die wir nun mit ganz anderen Vorsätzen angehen werden.

Wir nehmen den Zettel mit unserer Fürbitte, schneiden den negativ formulierten Teil ab und zerreißen oder verbrennen ihn als Symbol der Auflösung. Unsere positiv formulierten Sätze kontrollieren wir auf ihre Richtigkeit und schreiben sie gegebenenfalls voll schöpferischer Energie entsprechend um.

Täglich lesen wir das Geschriebene und überprüfen, ob wir noch in der positiven Ausrichtung sind.

Immer wieder stellen wir uns unsere neuen Verhaltensweisen bildlich vor und verinnerlichen sie ganz fest, damit sie zu unseren Gewohnheiten werden.

Bei Bedarf begeben wir uns in den rosa Lichtstrahl der Liebe und lassen so viel Energie in uns einströmen, bis wir uns wieder sicher und getragen fühlen.

Lieben wir um
glücklich zu machen,
öffnen wir unsere
Seele dem Gesang
der Engel

Erzengel Raphael

Erzengel Raphael

"Raffa-el": Gott heilt – Göttlicher Heiler

Seine Bedeutung: Heilung, Ganzheit, Einheit

Sein Tag: Mittwoch

Seine Farbe: Grün und Rosa

Sein Stein: Aventurin

Sein Duft: Rosenduft

Engel der Heilung und des Humors

Erzengel Raphael bringt uns mit seiner grünen Licht-Energie die Heilungsschwingung für Körper, Geist und Seele. Mit Licht, Liebe, Freude, Gebet und Mitgefühl ist es seine Aufgabe, die Erde von Krankheit und Seuchen zu heilen.

Da wir aber nur krank werden, wenn wir gegen die Gesetze des Lebens verstoßen haben, heilt Raphael nicht grundlos, er hat immer die Wandlung des Menschen im Auge: „Sündige fortan nicht mehr gegen dich und andere."

Er ist aber kein strenger Engel, sondern genau das Gegenteil. Er ist ein Engel der Liebe, des Lachens und des Humors. Dies sind Eigenschaften, die das Immunsystem stärken und somit heilend wirken.

Er freut sich, diejenigen begleiten zu dürfen, die zu neuen, spirituellen Ufern aufbrechen, um auf ihrem Weg in Liebe und Weisheit, das Beste zu erreichen.

Erzengel Raphael greift aber nicht ungefragt in unser Kranksein ein.

Wir müssen bereit sein, die Krankheit und die krankmachenden Hintergründe, wie z. B. Stress, Überforderung, Streit, Hass, Wut, Ärger, Neid, schlechte Ernährung, usw. aufgeben zu wollen.

Dann können wir Erzengel Raphael um Heilung bitten und er freut sich, uns begleiten zu dürfen auf dem Weg zum Heilwerden, auf dem Weg zu neuen spirituellen Ufern.

Wenn wir uns mit Erzengel Raphael verbinden, fühlen wir, wie sich unser Denken auf eine höhere Schwingungsebene erhebt. Wir spüren unsere ausgeglichene Mitte zwischen den beiden Polen von positiv und negativ, die wir nun als harmonische Ausgewogenheit erleben.

Seine strahlend grüne Farbschwingung gibt uns den energetischen Schwung, den wir für einen Neuanfang brauchen, wenn wir z. B. unsere Krankheit aufgeben und in die Gesundheit gehen wollen.

Er unterstützt auch schulmedizinische und alternative Therapien, stärkt unseren Glauben an die Heilung und nimmt uns die Zweifel. Er möchte uns das Loslassen und damit die Leichtigkeit des Seins zeigen:

„Möchtest du deine Krankheit behalten? Nein? Dann halte sie doch nicht länger fest. Lasse sie los! Beschäftige dich nicht länger mit deiner Krankheit, sondern mit deiner Gesundheit.

Beachte die Macht des ICH BIN. Sage nie mehr „ICH BIN KRANK" sondern „ICH BIN GESUND". Das soll deine Wahrheit sein!"

Wir dürfen Erzengel Raphael alles, was unsere Seele bedrückt, anvertrauen. Er verurteilt uns nicht, sondern hat liebevolles Verständnis für unsere menschlichen Unvollkommenheiten.

Er möchte uns ermutigen, unsere negativen Taten zu bereuen, Verantwortung für diese Taten zu übernehmen und wenn es möglich ist, sie zu bereinigen.

Ein krankheitsauslösender Zustand, der durch negative Taten, negatives Gedankengut und negative Verhaltensweisen geschaffen wurde, kann durch die positive Entsprechung wieder aufgelöst werden: Liebe, Verzeihen, Verantwortung übernehmen, Loslassen aller aufgestauten Aggressionen (was nützen sie mir zu meiner Gesundung?).

In alle seelischen Erschütterungen und körperliche Leiden können wir das reinigende, umwandelnde, alles durchdringende grüne Licht einstrahlen lassen und erleben, wie wir emporgehoben werden in dieser Lichtschwingung, wie alles Belastende, alles Krankmachende von uns abfällt und Freude, Frohsinn, Leichtigkeit und Lachen in uns aufsteigen.

Heilung hat etwas mit "heil" oder "heilig" werden zu tun. Das heißt aber nicht, dass wir nun dauerbetend mit einem Heiligenschein herumlaufen müssen, sondern aus dem göttlichen Bewusstsein heraus bedingungslose Liebe, Frieden und Harmonie leben. Je mehr wir uns in diese Schwingungen begeben, desto heiler werden wir, weil hier kein Platz mehr ist für belastende, einschränkende, krankmachende Negativität.

Lieben wir die Schöpfung, deren Teil wir sind. Lieben wir also auch uns und unseren Körper von ganzem Herzen. Ein Körper, der abgelehnt wird, weil wir meinen, dass er so, wie er ist, nicht richtig ist, verkümmert energetisch und wird krank.

Bitten wir Erzengel Raphael, dass er unsere Seele, unseren Geist und unseren Körper mit seiner heilenden grünen Licht-Energie durchdringt, durchfließt und durchströmt, dass seine grüne Flamme alles Kranke, Schwere und Belastende aufspürt, vernichtet und uns Erkenntnis und strahlende Gesundheit schenkt.

Bei Krebs und Herzerkrankungen wird der rosa Lichtstrahl eingesetzt.

Raphael trägt den Äskulapstab, den Stab, um den sich Schlangen winden, das Symbol der Lebenskraft und Gesundheit.

Wir können ihn anrufen, wenn wir Heilung brauchen:

- von seelischen oder körperlichen Schmerzen
- um Disharmonien im zwischenmenschlichen Bereich aufzulösen
- wenn wir, Angehörige oder Freunde krank sind
- wenn wir den richtigen Weg zur Heilung suchen
- wenn wir selbst als Heiler, Arzt oder Therapeut tätig sind

Wir können ihn anrufen, wenn wir Ganzheit brauchen:

- um nach einer zerbrochenen Beziehung wieder Frieden zu finden
- wenn wir uns nach dem Verlust eines geliebten Menschen einsam und allein fühlen
- wenn wir uns seelisch oder spirituell entfremdet fühlen

Möchten wir Erzengel Raphaels Hilfe zur Heilung in Anspruch nehmen, schreiben wir alles auf einen Zettel, was wir an Gebrechen, an gesundheitlichen Störungen und an Schmerzen haben.

Wenn das geschehen ist, stellen wir uns die Frage, ob wir wirklich gesund werden wollen.

Oder ob wir die Krankheit nicht doch noch brauchen, um bestimmte Dinge nicht tun zu müssen, weil wir z. B. nicht nein sagen, uns nicht abgrenzen können.

Oder um bestimmte Dinge durchsetzen zu können, weil wir im gesunden Zustand kein Durchsetzungsvermögen haben.

Oder ob uns die Krankheit vor etwas schützt, weil wir uns nicht wehren können und wir dann mehr Rücksicht bekommen.

Oder ob wir meinen, die Krankheit verdient zu haben, weil wir zu einer Person negativ oder intrigant waren und anderes mehr.

Gesund sein heißt, wir werden wieder Dinge tun müssen, die wir als Kranker vielleicht nicht zu tun brauchen.

Wenn wir bereit sind, die Krankheit loszulassen und in das Heilwerden zu gehen, atmen wir dreimal tief durch und gehen in eine andere Gedankenschwingung.

Wir stellen uns nun unsere Gesundheit ganz deutlich vor und schreiben auf, was wir mit Erzengel Raphaels Hilfe alles verändern wollen, wie wir uns stark machen wollen, um Krankheit nicht länger als Mittel zum Zweck gebrauchen zu müssen. Wie wir ihn dann letztendlich um Heilung bitten und dafür danken, dass wir sie bekommen.

Wir unterstützen unseren Heilungsprozess mit dem festen Glauben an die Heilung. Gehen auf die Suche nach alternativen Heilweisen, befassen uns jetzt nur noch mit unserer Gesundheit und mit dem, was uns guttut.

Wenn wir wegen unserer neuen Verhaltensweisen angegriffen werden, werden wir nicht böse, sondern haben Verständnis für die Sichtweisen der anderen. Wir sehen den „Angriff" als Überprüfung: Bin ich schon so selbstbewusst und kann diesen Angriffen standhalten oder komme ich wieder ins Wanken und in die negative Schwingung? Alles dient nur unserer Weiterentwicklung.

Wenn wir den Weg in unsere Gesundheit in etwa formuliert haben und mit Vorstellung und Gefühl zufrieden sind, falten wir den Zettel und legen ihn auf den Altar.

Nun bereiten wir uns auf die Anrufung vor.

Anrufung Erzengel Raphael

Wir waschen unsere Hände und suchen unseren Altar auf, den wir in Gold-Grün und Rosa, den Farben Raphaels, geschmückt haben. Wir stellen eine weiße und eine grüne oder rosa Kerze dazu. Der Zettel mit der Fürbitte an Erzengel Raphael Liegt ebenfalls auf dem Altar.

Wir entzünden die weiße Kerze und sprechen dazu:

„Ich entzünde diese weiße Kerze und segne das Licht. Ich bitte das Licht, meinen Geist zu erhellen und meine Gedanken im Licht zu halten. Ich rufe die Heerscharen des Himmels und der Erde, diesen Raum zu reinigen und zu segnen, auf dass Licht, Friede und Harmonie allzeit in diesem Raum herrschen. So sei es!"

An dieser weißen Kerze entzünden wir die grüne oder rosa Kerze, die wir für Erzengel Raphael segnen wollen und sprechen dazu:

„Ich entzünde diese Kerze für Erzengel Raphael und segne sie zum Zeichen meiner Verbundenheit mit ihm. Möge sein Licht meinen Geist erleuchten, mir Erkenntnis zur Heilung und Ganzheit geben und mich so von Krankheit erlösen. So sei es!"

Wir stellen die Kerze auf den Altar, setzen uns und nehmen den Stein, den wir für Erzengel Raphael segnen wollen, in unsere linke Hand und legen die rechte Hand darauf. Wir schließen unsere Augen, atmen vertiefter, nehmen den Stein in unserer Hand bewusst wahr, verbinden uns gedanklich mit Erzengel Raphael, den wir uns in einem prächtigen, strahlend grünen Gewand mit einem rosa Umhang vorstellen und sprechen nun:

„Ich segne und weihe diesen Stein Erzengel Raphael und seinen himmlischen Helferscharen als Band zwischen Himmel und Erde. Mögen sie das Band energetisieren und mir helfen, im Engelbewusstsein zu bleiben. So sei es!"

Wir legen den so gesegneten Stein auf den Altar, können nun eine schöne Entspannungsmusik einschalten und nehmen den Zettel mit unserer Fürbitte in die Hand.

Wir setzen oder knien uns vor den Altar, schließen unsere Augen und konzentrieren uns wieder auf unseren Atem. Wir lassen die Atemzüge immer langsamer und tiefer werden und lauschen in uns hinein.

Mit jedem Atemzug lassen wir das Irdische immer mehr los und geben uns ganz der Ruhe hin. Wenn wir uns ruhig und entspannt fühlen, stellen wir uns gedanklich wieder auf Erzengel Raphael, Träger der grünen Flamme in Tätigkeit, ein. Wir sind bereit, uns ganz dem Heilungsprozess hinzugeben.

Und wir sprechen:

„Erzengel Raphael, du leuchtender Engel der Heilung und der Freude, ich rufe dich an. Ich bitte dich, komm zu mir und bringe mir die grüne Strahlkraft der Erneuerung. Erlöse mich von meinem destruktiven Verhalten.

Sende mir Erkenntnis, damit ich alles Krankmachende und Zerstörerische loslassen kann und Freude und Gesundheit meinen Geist erfüllen können. Berühre mich mit deinem mystischen Stab, damit die Macht der Erkenntnis und die Kraft der Heilung in meinen Geist, in meine Seele und in meinen Körper einfließen können. Danke!"

Wir visualisieren, wie eine strahlend grüne Lichtwolke aus der unendlichen Weite des Universums zu uns herniederschwebt.

Von weitem winkt uns eine Engelschar lustig und fröhlich zu. Sie fassen uns an unsere Hände und ziehen uns auf ihre Wolke, in die wir sanft und weich versinken. Sie haben den Auftrag, uns in Raphaels Heilungs-Tempel zu holen, was wir freudig annehmen.

Leuchtend grüne Lichtströme hüllen uns ein und schenken uns ein Gefühl nie gekannter Geborgenheit und Sicherheit.

So schweben wir durch das Universum an den Sternen vorbei, bis wir den weit in das Universum hinein strahlenden Tempel Erzengel Raphaels erreichen. Wir werden von der Engelschar in die Mitte des Tempels geleitet und aufgefordert, uns auf einen lichtstrahlenden Thron zu setzen.

Es öffnet sich eine Tür, das Strahlen verstärkt sich zu gleißendem Licht und Erzengel Raphael betritt den Raum, leuchtend wie ein grüner Diamant.

So steht er vor uns, seinen Heilstab in der Hand und schaut uns mit schelmisch blitzenden Augen an. Wir spüren seinen Schalk im Nacken und spüren gleichzeitig unsere Schwere, dass wir auf Erden alles viel zu schwer nehmen und an unseren eigenen Begrenzungen leiden oder sogar krank werden.

Seine grüne Lichtenergie hüllt uns ein und auch wir beginnen ebenfalls zu strahlen wie ein grüner Diamant.

Fühlen uns wie eine Lichtspirale, in der alles Schwere, Krankmachende aufgelöst wird.

Erzengel Raphael schaut lächelnd in unsere Augen und spricht:

„Liebes Menschenkind, ich grüße und segne dich. Mit Freuden habe ich dein Rufen erhört. Mit Freuden möchte ich dir Erkenntnis zur Heilung bringen.
Lasse alle irdische Schwere los und sei jetzt nur noch du selbst, ein Kind Gottes, ein Kind der Liebe.
Nichts anderes ist hier wichtig. Spürst du die Freiheit, die hieraus entsteht?
Sage mir nun, was ich für dich tun kann und begib dich in meine Heilenergie!"

Gedanklich übergeben wir Erzengel Raphael den Zettel mit unserer Fürbitte.

Erzengel Raphael hebt seinen Arm und berührt mit seinem Heilstab den obersten Punkt unseres Kopfes.
Dieser Punkt öffnet sich und aus dem Stab strömt langsam strahlend grüne Lichtenergie in unsere Kopfmitte ein.
Die Energie fließt in unsere Augen, löst alle Verspannungen, macht unseren Blick frei für andere Sichtweisen.
Dann fließt die Energie weiter über unser Gesicht, entspannt die Kiefermuskeln, lockert die Verbissenheit, mit der wir vieles angegangen sind.
Sie fließt weiter durch den Hals, der so viel schlucken musste, was wir nicht aussprechen konnten, nimmt alle Blockaden mit. Zurück bleibt nur das heilende grüne Licht.

Es fließt weiter in den Nacken, der verkrampft ist, weil wir unflexibel geworden sind, weil wir uns nicht erlaubten das zu leben, was wir leben wollen.

Nun fließt die heilende grüne Lichtenergie über die Schultern in die Arme und in die Hände. Alle Blockaden, die sich durch vermeintliche Handlungsunfähigkeit festgesetzt haben, werden vom grünen Lichtstrahl gelöst und eine Leichtigkeit wird spürbar.

Wir fühlen die Magie der Heilung. Wir sehen, wie die strahlend grünen Heilspiralen in uns aufsteigen bis in die göttliche Ebene.

Weiter fließt die Energie durch unsere Brust, löst alles Beklemmende, alle Ängste, alles Destruktive auf. Hier lassen wir die Energie so lange wirken, bis wir fühlen, dass sich die Fesseln der Begrenzung gelöst haben und sich ein Gefühl von Freiheit im Brustraum ausgebreitet hat.

Die grüne Heilenergie fließt nun in den Bauch. Hier sitzt alles fest, was wir nicht loslassen können und was uns bedrückt. Wie mit einer Reinigungsspirale wird alles Festsitzende gelöst und entkrampft. Leichtigkeit breitet sich im Bauchraum aus und fordert uns auf, das Leben mit Leichtigkeit anzugehen. Auch Entzündungen trocknen ein und in das, was uns entzündet, was uns wütend oder ärgerlich gemacht hatte, strömt das weiße Licht der Vergebung.

Die Energie fließt weiter in die Hüften und die Beine hinab bis in die Füße.
Alle Verkrampfungen, alle Schmerzen werden aufgelöst, die ganzen Einschränkungen, die uns daran hinderten,

im Leben so voranzugehen, wie wir es uns wünschten, verschwinden. Neue Lösungsmöglichkeiten tun sich auf.

Wundersame grüne Lichtströme fließen nun durch unseren Körper und füllen unsere Zellen mit neuer Energie auf. Die Engel singen für uns liebliche Lieder. Wir fühlen uns von der Musik emporgehoben und befreit von jeglichem Druck. Wir fühlen uns heil.

Erzengel Raphael verschließt mit einer Handbewegung unsere Kopfmitte und lässt uns noch eine Weile diese herrliche Schwingung genießen.

Dann weckt uns sein perlendes Lachen und sein Frohsinn steckt uns an. Wir fühlen eine unendliche Leichtigkeit in uns. Unser Geist ist hellwach und klar und unser Körper fühlt sich leicht und heil an.

Deutlich vernehmen wir Erzengel Raphaels Stimme:

„Höre mir zu, liebes Menschenkind, was ich dir zu sagen habe und was du in deinem Bewusstsein mit in deine Welt nehmen sollst.

Ihr hadert so oft mit Gott und wenn es nicht so läuft, wie ihr es euch wünscht, zweifelt ihr ihn sogar an.

Gott ist für euch eine fiktive Gestalt. Niemand hat ihn je gesehen. Er lebt nur in eurer Vorstellung. Entweder als männliche Person, als Geistwesen oder als eine Energieform. Ihr wisst nicht, wer oder was Gott ist. Ihr wisst nur, dass etwas da ist. Eine Kraft, die euch die Energie zum Leben gibt. Je mehr ihr in der Liebe seid, desto mehr spürt ihr diese Kraft.

Ihr aber seid zu wenig in der Liebe, denn ihr zweifelt die Existenz dieser Liebe an, weil euer Augenmerk zu sehr auf das Negative in der Welt gerichtet ist und ihr euch vom Leid und Leiden dieser Welt und von bestimmten Irrlehren in die Irre führen lasst.

Viele Menschen geben Gott die Schuld an Leid, Leiden und Krankheit und sie meinen, Gott strafe sie damit für irgendwelche negativen Gedanken, Worte oder Taten.

Es wird höchste Zeit, dass ihr erkennt, dass ihr selbst Schöpfer eurer Gesundheit oder Krankheit seid. Alles ist in euch selbst angelegt.

Euer Nerven- und Hormonsystem schüttet bei negativen und destruktiven Gefühlen, Gedanken und Worten euren Organismus übersäuernde und damit krankmachende Überträgerstoffe aus. Euer Gemütszustand entscheidet über Gesundheit und Krankheit. Ihr sagt dann selber schon: „Ich bin sauer."

Ebenfalls wird durch Stress, Ärger, Druck und andere negativen Faktoren in eurem Gewebe gespeichertes Cholesterin in den Blutstrom abgegeben. Da dieses Cholesterin nicht wieder in das Gewebe zurückgespeichert werden kann, lagert es sich in den Arterien ab, was letztendlich zu Schlaganfall oder Herzinfarkt führen kann.

Jede Krankheit, jeder Unfall, auch ein vermeintlich unverschuldeter Unfall, will euch sagen, dass in eurem Inneren etwas nicht stimmt, dass ihr irgendwo sauer seid, wütend, ärgerlich, unglücklich, enttäuscht, überfordert, unehrlich.

Und so müsst ihr Menschenkinder erkennen, dass ihr Gott nicht länger für eure Krankheiten verantwortlich machen könnt, sondern selbst die Verantwortung dafür tragt. Wenn du also krank bist oder leidest, dann schaue in deinen Geist und in deine Seele und nehme wahr, woran du wirklich krankst, wo du nicht glücklich bist. Die Art deiner Krankheit ist eine Botschaft für dich:

„Verändere, was dich nicht glücklich macht, verändere, was dich krank macht".

Suche dein Heil nicht nur im Außen bei den Ärzten, sondern vor allem in deiner Seele. Bitte Gott oder uns Engel um Hilfe, wenn du allein nicht weiterkommst.

Ich, Erzengel Raphael, bin der Arzt Gottes. Ich ziehe meine Heilenergie aus der göttlichen Quelle. Genau wie Jesus es einst tat. Er wollte den Menschen dieser Welt zeigen, dass sie heil und gesund sind, wenn sie an die Heilung und die Liebe Gottes glauben.

Aber genauso wie ihr uns Engel um Hilfe bitten müsst, musste auch Jesus um Hilfe gebeten werden. Auch er heilte nie ungefragt.

Es ist unser oberstes Gebot, jedem seine geistige Freiheit, seine Wahl zwischen Glaube und Unglaube, zwischen Gesundheit und Krankheit, zu lassen. Durch Erkenntnis sollt ihr auf den richtigen Weg gelangen. Dieses dürfen wir euch Menschen nicht abnehmen.

Gott ist reine Liebes- und Heilenergie. Jesus hat euch diese Lehre schon vermitteln wollen. Er wollte den Menschen zeigen, was alles möglich ist, wenn sie sich mit der Liebe Gottes verbinden, wenn sie an seine unerschöpflichen Kräfte glauben: „Alles, was du bittest im Gebet, so du glaubest, wird sich erfüllen."

Bevor Jesus heilte, fragte er oft: „Glaubst du?"

Wenn der Kranke antwortete: „Ja Herr, ich glaube!", sagte Jesus: „Dein Glaube hat dich gesund gemacht, doch sündige fortan nicht mehr!"

Das heißt, nicht mehr negativ und abwertend über sich selbst denken und nicht mehr negativ über andere reden und urteilen.

Wenn ihr negativ denkt, redet oder handelt, seid ihr weit von der Weisheit entfernt und ihr macht euch damit geringer als ihr seid.

Gesundheit ist also nicht allein die Abwesenheit von Krankheit. Gesundheit ist ein Geisteszustand.

Stärkt euren Geist mit positiven Gedanken und Worten, pflegt euren Körper und ernährt ihn richtig.

Betrachte einmal einen schönen Blumengarten. Werden die Blumen nicht mehr gehegt und gepflegt, macht sich das Unkraut breit und überwuchert letztendlich alles.

Genauso ist es mit euren Gedanken, wenn ihr sie nicht hegt und pflegt und im Licht haltet, werden sie von destruktiven und krankmachenden Gedanken wieder überwuchert. Deshalb, liebes Menschenkind, stärke deinen Geist mit positiven, aufbauenden Gedanken und Worten, lache, scherze und singe, damit dein Hormonsystem „Glückshormone" produzieren und ausschütten kann, welche deine Gesundheit bedingen."

Erzengel Raphael streift mit seinem Heilstab unseren ganzen Körper ab. Wir fühlen die Aktivität des grünen Kraftstromes wie ein Magnet in uns, der alles Kranke aufspürt und aufsaugt.

Wir haben das Gefühl, dass diese leuchtenden Lichtströme uns mit der heilenden Energie der Göttlichen Welt verbinden. Wir fühlen uns stark für die Herausforderungen der Welt, wissend, dass wir uns immer an diese Kraftquelle anschließen können, wenn wir spüren, dass diese Energie im täglichen Leben verloren geht.

Erzengel Raphael spricht weiter:

„Du siehst, du brauchst Licht und Liebe nicht weiter im Außen zu suchen. Alles ist in dir. Du brauchst es nur zu sein.

Es gibt kein besseres Mittel zur Heilung als die reinigende Kraft der grünen Strahlung und der harmonische Klang eines Menschen, der sich immer mehr der allumfassenden, bedingungslosen Liebe öffnet.

Vergib allen Menschen, mit denen du nicht in Harmonie bist. Entfache immer mehr dein inneres Licht und gehe verschwenderisch mit deiner Lichtstrahlung um. Wer sich selber liebt und Liebe ausströmt, ist in Verbindung mit dem Göttlichen und fühlt sich heil an Körper, Geist und Seele.

Höre nie auf mit der Arbeit an dir selbst, damit der Weg ins Licht, in die geistige Freiheit und in die Heilung niemals endet. Hast du die Bedeutung meiner Worte erkannt?

Mein grünes Licht symbolisiert dir, dass der Weg frei ist zur Heilung, zum heil werden. Den Weg musst du selber gehen.
Wenn du uns Engel um Hilfe auf deinen Weg bittest, bleibst du im Licht und dein Leben wird immer strahlender.
Gehe nun in Frieden. Gesegnet seiest du mit der göttlichen Liebe!
Meine lustige Engelschar wird dich wieder zur Erde begleiten. Lache und singe mit ihnen."

Voller Dankbarkeit sind wir bereit, unser Bestes zu geben. Wir fühlen uns emporgehoben, frei, ohne Begrenzung, voller göttlicher Energie und hören die Gesänge der Engel.

Wir legen unsere Hände vor der Brust zusammen und voller Demut und Dankbarkeit verabschieden wir uns.

Die Engelschar zieht uns wieder auf die gleißende Lichtwolke. Selig und beschwingt schweben wir durch das unendliche Universum in unser Zimmer und werden sicher vor unserem Altar abgesetzt.

Winkend verabschieden wir die lustige Engelschar.

Wir bleiben noch so lange in dieser herrlichen Schwingung, wie wir möchten.

Dann sammeln wir wieder unsere Gedanken, atmen tiefer ein und aus. Fühlen wieder ganz bewusst den Boden unter unseren Füßen und kommen zurück in das Hier und Jetzt.

Wir öffnen unsere Augen, recken und strecken uns und genießen das herrliche Gefühl, ein strahlendes Licht in der „dunklen" Welt zu sein.

Wir nehmen den Zettel mit unserer Fürbitte, schneiden die negativen Formulierungen ab und zerreißen oder verbrennen sie als Symbol der Auflösung.
Wir überprüfen noch einmal die positiven Formulierungen und schreiben auf, mit welchen Gedanken, Worten und Taten wir in Zukunft agieren wollen, was wir loslassen wollen, wie wir Dinge, die uns nicht guttun, angehen und verändern wollen, ohne jemandem zu schaden.
Ganz deutlich formulieren wir unseren Weg in die Heilung. Täglich lesen wir diese Sätze mindestens einmal und verinnerlichen sie als unsere neue Wahrheit.
Mit der Kraft des Lichtes in unserem Herzen und der Schwingung der Engelenergie werden wir von Tag zu Tag gesünder, glücklicher und harmonischer.

Unsere innere
Stimme,
die uns warnt
und schützt,
ist unser Engel
der zu uns spricht!

Erzengel Zadkiel

Erzengel Zadkiel

„Zadki-el": Wohlwollen Gottes – Rechtschaffenheit Gottes

Seine Bedeutung: Vergebung, Gnade, Umwandlung negativer Energien

Sein Tag: Donnerstag

Seine Farbe: Violett

Sein Stein: Amethyst

Sein Duft: Lavendel

Engel der Anrufung und der Umwandlung

Erzengel Zadkiel, Träger der violetten Flamme in Tätigkeit, welche den heiligen Gnadenstrom der göttlichen Liebe symbolisiert, hilft uns, wenn wir negative Energien in uns auflösen und in die Vergebung und Liebe gehen wollen, um Entfaltung und Wachstum zu erfahren.

Sein violettes Licht reinigt, erleuchtet, wandelt um und erhebt uns in geistige Freiheit. Er bringt uns die Energie, die unsere Schatten, die sich als Belastung, Schuld und Härte in uns manifestiert haben, auflöst. Unser inneres, verloschenes Licht wird wieder zum Fließen und Leuchten gebracht. Dieses geistige Feuer der violetten Lichtenergie können wir auch als eine unaufhörlich wirkende Kraft der Liebe, der Vergebung, des Mitgefühls und der Barmherzigkeit betrachten.

Begeben wir uns in diese violette Schwingung, werden wir durch die außerordentliche Reinigungskraft dieses Lichtes von alten Lasten, von bedrückenden Erlebnissen und Einschränkungen befreit und können die große Gnade der Vergebung erleben.

Wir können ihn anrufen, wenn wir mit uns hadern, dass wir nicht gut genug sind und deshalb mit uns zu hart umgehen.

Wenn wir mit anderen zu hart umgehen, sie verurteilen oder abschätzend bewerten und damit immer im negativen Gedankengut sind.

Wenn wir spüren, dass wir uns damit selbst einengen und somit keine geistige Freude und geistige Freiheit erlangen können. Wir können Erzengel Zadkiel um Befreiung bitten.

Es bringt uns nicht weiter, „karmische Schuld" als Verursacher unserer jetzigen Leiden zu suchen und aufarbeiten zu wollen. Betrachten wir unser Leben als Lernprozess, als Weiterentwicklung, wozu auch unsere Vergangenheit und unsere früheren Leben gehören.

Haben wir das Gefühl, irgendwann einmal Schuld auf uns geladen zu haben, dann können wir zu Gott oder Erzengel Zadkiel als Bote Gottes, beten:

„Ich bitte alle Menschen, alle Geschöpfe um Vergebung für das, was ich ihnen angetan habe, bewusst oder unbewusst. Alle meine Verfehlungen bedaure ich zutiefst. Ich danke euch demütig von ganzem Herzen für eure Vergebung.
Ich vergebe auch mir, was ich mir damit angetan habe, bewusst oder unbewusst.
Ich will ab sofort mein Bestes geben, um meine Gedanken, Worte und Taten im Licht zu halten. Ich möchte eine Freude für mich, für die Menschen und für die Schöpfung sein. Aus tiefstem Herzen danke ich für die Vergebung. Amen."

Nach so einer Vergebens-Zeremonie fühlen wir uns meist unerklärlich leicht und frei. Mit dem bewussten Annehmen der Verantwortung für unsere Taten aus der Vergangenheit und der Verantwortung für die Geschehnisse in unserem weiteren Leben, gehen wir in die irdische Wiedergeburt:

Die Geburt in die geistige Freiheit mit dem Erkennen, dass alles unserer Weiterentwicklung dient und deshalb alles gut ist, so wie es ist. Aus dieser gedanklichen Erleuchtung heraus sehen wir, dass wir andere Menschen nicht mehr zu verurteilen und negativ zu bewerten brauchen und dass wir uns nicht mehr in Ärger, Hass, Neid, Eifersucht, usw. verstricken müssen.

Jeder Mensch ist als Lernprozess an seinem Platze. So viele unterschiedliche Glieder ein Mensch hat, die unterschiedliche Aufgaben zu erfüllen haben, so unterschiedliche Menschen gibt es auch, die als Glieder der Welt unterschiedliche Aufgaben zu erfüllen haben.

So sollen wir einander gelten lassen und das Anderssein des Anderen akzeptieren und nicht länger verurteilen.

Schon Jesus hat gesagt:

„Urteile nicht, denn nach dem Maße, nach dem ihr urteilt, werdet ihr verurteilt werden."

Er wollte der Menschheit derzeit schon die Gesetze von Ursache und Wirkung bewusst machen: Die Schwingung unserer Handlungen geht ins Universum ein und kommt als Auswirkung, als Lohn, zu uns zurück. Im positiven wie im negativen Sinne.

Wir brauchen Gott für nichts verantwortlich zu machen. Er hat uns die geistige Entscheidungsfreiheit gegeben. Jeder einzelne Mensch entscheidet mit Worten und Taten mit über sein Schicksal. Für alles, was uns widerfährt, sind wir Mit-Schöpfer. Es tritt nur das in unser Leben, für das wir resonanzfähig sind, im Guten wie im Bösen.

Die Menschen glauben zu wissen und glauben deshalb

zu viel an die Macht des Wissens. Von der Macht des Glaubens aber wollen sie nichts wissen. Sie sagen zwar: „Der Glaube versetzt Berge", doch es bleiben meist nur Worte.

Wenn Menschen in gefährlichen Situationen waren, haben sie oft als letzten Ausweg gebetet oder Gott um Hilfe angerufen und sie wurden gerettet. Sie wissen nicht, ob Gott geholfen hat oder ob ihnen auch ohne Gebet geholfen worden wäre. Dieses geht in den Bereich des Glaubens, nicht in den des Wissens.

Jesus wollte uns Menschen die Augen öffnen und uns zeigen, was uns widerfährt, wenn wir die sichtbare Welt des Wissens verlassen und in die unsichtbare Welt des Glaubens eintauchen:

„Alles, was ihr bittet im Gebet, so ihr glaubet, wird sich erfüllen."

Der Strahl des violetten Lichtes stärkt in uns die Kraft des Glaubens.

Lassen wir uns von Zadkiels violetter Licht-Energie aufladen und halten wir dieses Gefühl der energetischen Stärke stets in uns aufrecht.

Wenn wir achtsam und wachsam im violetten Licht der Umwandlung und Liebe bleiben, befreien wir uns mehr und mehr vom negativen Druck des Erdendaseins und sind somit kaum mehr in der Lage, neue Ursachen für Leid und Leiden zu schaffen.

Unsere befreite Seele kann somit immer mehr Licht-Energie speichern, sich immer mehr mit spirituellen Kräften anreichern und immer mehr in ein Leben voller Glaube, Liebe, Freude, Toleranz und Freiheit eintauchen.

Legen wir uns Erzengel Zadkiels violetten Lichtmantel

um und seien wir so immer mit der göttlichen Schwingung verbunden, jederzeit bereit, dieses Licht in Form von Verständnis, Mitgefühl, Toleranz und Freude auf andere Menschen auszustrahlen.

Wir können ihn anrufen, wenn wir Toleranz brauchen:
- wenn wir uns Verfehlungen nicht vergeben können
- weil wir aus einer eingefahrenen Sichtweise anderen nicht vergeben können
- weil wir anderen gegenüber Ärger, Hass, Wut, Neid, usw. empfinden
- weil wir verletzend, intolerant und stur sind
- wenn wir Schuldgefühle haben

Wir können ihn anrufen, wenn wir negative Energien umwandeln wollen:
- wenn wir Unvollkommenheiten auflösen wollen
- wenn wir unser negatives Denken in positives Denken umwandeln wollen
- weil wir Körper, Geist und Seele reinigen möchten
- wenn wir Familienstreitigkeiten beenden wollen

Möchten wir von Erzengel Zadkiel unseren negativen Energiefluss in eine Schwingung liebevoller Stärke und Geduld umwandeln lassen, dann schreiben wir alle die uns belastenden Gefühle und Situationen so realistisch wie möglich, auf einen Zettel.

Wir betrachten das Niedergeschriebene noch einmal und stellen uns die Frage, ob wir wirklich von diesen negativen Gefühlen und Situationen befreit sein möchten oder ob wir sie weiterhin behalten wollen.

Es kann ja sein, dass wir noch bei jemandem Schuldgefühle wecken und weiterhin Macht oder Kontrolle ausüben wollen.

Oder Angst davor haben, Verantwortung für die Veränderung übernehmen zu müssen.

Oder uns weiterhin schuldig fühlen wollen, weil wir meinen, wir haben es nicht besser verdient.

Wenn wir aber bereit sind, uns „umwandeln" zu lassen, bereit sind, unser innewohnendes Licht zu unserem Wohle und zum Wohle anderer Menschen zum Strahlen bringen zu lassen, atmen wir dreimal tief durch.

Nun verändern wir unsere Gedankenqualität und gehen in die positive Vorstellung.

Wir schreiben alle Lösungsmöglichkeiten nieder, die uns zu unserem Weg in die Veränderung einfallen. Schreiben auf, wie wir ganz bewusst von der Opferhaltung in die „Täterhaltung" gehen wollen, indem wir selbst in die Verantwortung gehen und die Veränderung nicht länger von anderen erwarten. Wir schreiben auf, wo wir selbst nicht weiterkommen und von Erzengel Zadkiel Unterstützung brauchen. Erst wenn wir mit dem Geschriebenen zufrieden sind, falten wir den Zettel und legen ihn auf den Altar.

Nun bereiten wir uns auf die Anrufung vor.

Anrufung Erzengel Zadkiel

Wir waschen unsere Hände und suchen unseren Altar auf, den wir in Violett und Gold, den Farben Zadkiels, geschmückt haben. Wir stellen eine weiße und eine violette Kerze dazu. Den Zettel mit der Fürbitte an Erzengel Zadkiel legen wir gefaltet ebenfalls auf den Altar.

Wir entzünden die weiße Kerze und sprechen dazu:

„Ich entzünde diese weiße Kerze und segne das Licht. Ich bitte das Licht, meinen Geist zu erhellen und meine Gedanken im Licht zu halten. Ich rufe die Heerscharen des Himmels und der Erde, diesen Raum zu reinigen und zu segnen, auf dass Licht, Friede und Harmonie allzeit in diesem Raum herrschen. So sei es!"

An dieser weißen Kerze entzünden wir die violette Kerze, die wir für Erzengel Zadkiel segnen wollen und sprechen dazu:

"Ich entzünde diese violette Kerze für Erzengel Zadkiel und segne sie zum Zeichen meiner Verbundenheit mit ihm.
Möge die Kraft seines Lichtes meine Seelenschwingung erhöhen, meinen Glauben stärken und die Liebe zur ganzen Schöpfung aktivieren. So sei es!"

Wir stellen die Kerze auf den Altar, setzen uns, nehmen den Stein, den wir für Erzengel Zadkiel segnen wollen, in unsere linke Hand und legen die rechte Hand darauf.

Wir schließen unsere Augen, atmen vertiefter, nehmen den Stein in unserer Hand bewusst wahr, verbinden uns gedanklich mit Erzengel Zadkiel, den wir uns als großen, mächtigen Engel in einem strahlend violetten Gewand vorstellen und sprechen nun:

„Ich segne und weihe diesen Stein Erzengel Zadkiel und seinen himmlischen Helferscharen als Band zwischen Himmel und Erde. Mögen sie das Band energetisieren und mir helfen, im Engelbewusstsein zu bleiben. So sei es!"

Wir legen den so gesegneten Stein auf den Altar, können nun eine schöne Entspannungsmusik einschalten und nehmen den Zettel mit unserer Fürbitte in die Hand.

Wir setzen, stellen oder knien uns vor den Altar, schließen unsere Augen und konzentrieren uns wieder auf unseren Atem. Wir lassen die Atemzüge immer langsamer und tiefer werden und wenn wir uns innerlich ruhig und entspannt fühlen, stellen wir uns gedanklich wieder auf Erzengel Zadkiel, der uns die violette Lichtschwingung der Wandlung bringt, ein.

Und wir sprechen:

„Erzengel Zadkiel, du Engel der Gnade und Umwandlung, ich rufe dich an. Komm zu mir und erfülle mein niederes Selbst mit den reinigenden, umwandelnden Kräften des violetten Feuers. Erhöhe die Schwingungen meiner Energie, damit ich bewusst meine mentale Härte auflösen und ein Mensch liebevoller Geduld und liebevollen Verstehens werden kann. Danke für dein Kommen!"

Nun begeben wir uns gedanklich in die pulsierende Schwingung des violetten Lichtes von Erzengel Zadkiel. Das violette Licht ist ein wogendes Energiemeer mit der Fähigkeit, alle unvollkommene, negative Energie aufzulösen und umzuwandeln.

Wir sehen nun gedanklich, wie aus dem Universum eine strahlende violette Wolke zu uns herniederschwebt, die in unserem Raum haltmacht. Erzengel Zadkiel hat uns seine Engelschar mit dem Auftrag gesandt, uns zu sich in seinen Tempel zu holen.

Die Engel gebieten uns, auf der Wolke Platz zu nehmen, und wir sinken wohlig geborgen in unseren Wolkensessel.

So schweben wir mit der lustigen Engelschar durch das Universum, an den Sternen vorbei, bis wir in der Ferne einen gleißend violett leuchtenden Tempel wahrnehmen. Es ist das hellste und strahlendste Licht, das wir je gesehen haben. Wir schweben auf der Wolke bis in die Mitte des Tempels, wo wir von Erzengel Zadkiel empfangen werden.

Er ist ein großer, kraftvoll strahlender Engel, der uns voller Freude an die Hand nimmt und zu sich in den Tempel holt.

Bei der Berührung mit ihm durchfließt uns ein warmer Energiestrom.

Alles ist in violettes Licht getaucht, violett tanzende Lichtfunken steigen empor. Viele Engel befinden sich im Raum, die uns lächelnd zunicken. Wir fühlen uns liebevoll geführt.

Erzengel Zadkiel gebietet uns, auf einem violett strahlenden Thron Platz zu nehmen.

Er schaut uns voller Liebe an und spricht:

„Liebes Menschenkind, ich grüße dich! Ich habe deinen Ruf und deine Bitte erhört und segne dich dafür, dass du bereit bist, alles Negative und Belastende in dir zu Verständnis, Liebe, Frieden und Harmonie umwandeln zu lassen. Segen dir, mein liebes Menschenkind, dass du für dich und die Menschen eine Freude werden möchtest.

Ich beaufsichtige die violette Flamme der Anrufung und Umwandlung, mit der ich dein inneres Licht zum Leuchten bringen und den göttlichen Funken in deinem Herzen anfachen kann, damit du ein Quell der Liebe werden kannst.

Sage mir, wo du meine Hilfe brauchst."

Gedanklich übergeben wir Erzengel Zadkiel unseren Zettel mit der Fürbitte.

Erzengel Zadkiel hält nun seine rechte Hand über unseren Kopf und aus seiner Handmitte fließt ein violetter Lichtstrahl wie sanfter Regen auf uns hernieder. Er durchdringt uns und durchfließt uns und wir spüren, wie alles Schwere, alle Last, die wir mit uns herumgeschleppt haben, aufgelöst und fortgespült werden. Das violette Licht beginnt immer mehr zu funkeln und wir erleben, wie es uns durchflutet. Wir öffnen das Tor unseres Bewusstseins und lassen das Licht fließen: in unsere Gedanken, in unsere Seele, in unseren Körper. Wir lösen uns ganz bewusst von allem negativen Ballast.

Diese Vorstellung halten wir so lange aufrecht, bis uns ein Gefühl von Leichtigkeit, Glück und Freiheit erfüllt.

Der violette Strahl wird nun immer stärker und entwickelt sich zu einem Kraftstrom der Liebe, der unseren Körper, unsere Seele und unseren Geist mit Liebes-Energie auffüllt. Wir fühlen uns wie eine Kraftzentrale, stark für alle Herausforderungen des Lebens.

Erzengel Zadkiel spricht weiter:

„Du hast erkannt, liebes Menschenkind, dass du selbst die Wahl zwischen Licht und Dunkelheit hast. Doch wenn du dich für das Licht entscheidest, du positiv und dankbar ausgerichtet bist, ergießt sich die Fülle alles Guten in dein Leben. Hast du diese Fülle in deinem Herzen, betrachtest du alles mit den Augen der Schönheit und Liebe.

Das sind die Gesetze der Anziehungskraft. Wo du deine Energie hingibst, das stärkst du. Wenn du unharmonisch, in Unfrieden mit dir oder anderen lebst, greifen diese Gesetze ebenso und du lebst ständig im Mangel.

Nimm die Probleme deines Lebens als Lernprozess an. Liebe deine Probleme als Aufgabe, als Botschaft zur Veränderung. Sie dienen deiner Weiterentwicklung, denn sie prüfen dich, ob du die Herausforderungen des Lebens positiv, stark und selbstbewusst angehen und lösen kannst, oder ob du noch im negativen Reagieren verharrst.

So erkennst du, dass nichts in deinem Leben bleiben muss, wie es ist.

Hadere und bereue nicht, was in deinem Leben schiefgelaufen ist, sondern übernehme dafür die Verantwortung für deine Zukunft.

Nun schaue in die Zukunft und lasse dich von meiner violetten Flamme umwandeln. Ganz deutlich siehst du, wo du handeln musst, wo du verzeihen musst, auch dir selber, was du dir mit deiner negativen Lebenseinstellung angetan hast.
Betrachte nun alles mit den Augen der Liebe und lasse ganz bewusst in alles, was dich belastet hat, die Liebe einfließen.
Spüre die Freiheit, die dir daraus erwächst.
Nun strecke dein Herz meinem violetten Lichtstrahl entgegen und erfahre das, was du dir im Grunde deines Herzens wünscht: unendliche Glückseligkeit.
Nimm dieses Geschenk an und nutze es, seelisch belastende Situationen in Licht aufzulösen und in ihr Gegenteil umzuwandeln."

Unser Herz füllt sich mehr und mehr mit dem reinigenden, violetten Licht und weitet sich aus. Wir fühlen uns mit den Kräften des Universums verbunden und erfahren die Grenzenlosigkeit der Liebe, erfahren diese unendliche Glückseligkeit, die aus der Liebe entsteht.

Wieder hören wir Erzengel Zadkiels Stimme:

„Bleibe gedanklich am violetten Kraftfeld angeschlossen und erfahre somit immer wieder die Macht des Lichtes. Lebe aus dieser Fülle und lasse es nie versiegen.
Wisse, die Liebesfülle deines Herzens wirkt anziehend auf das Gute. Du selber hast erfahren, wenn du im Negativen bist, wendet sich das Gute von dir ab. Das Gute fließt dorthin, wo ein Kanal dafür offen ist.

Sollte in dir das violette Licht einmal verblassen, rufe mich an. Meine Liebe und meine Hilfe sind dir stets gewährt.

Bilde im täglichen Leben einen Lichtkreis um dich herum. Fühle dich wie ein leuchtender Stern, der andere Menschen mit seinem Strahlen erfreut und stärkt. Erkenne deine Wichtigkeit auf dieser Welt. Lasse dich nicht von dem negativen Geschehen in eurer Welt in die Irre führen. Gehe auch nicht daran, andere Menschen missionieren zu wollen und ihnen deine Erkenntnisse aufzudrängen.

Mit deiner Veränderung veränderst du die anderen.

Freue dich, dass du lebst und diese Welt mitgestalten darfst. Erkenne, dass du einmalig bist, dass du ein unsterbliches Bewusstsein hast.

Wisse, dass dir als Mensch immer wieder Probleme als Lernprozesse widerfahren werden. Ohne Herausforderungen gibt es keine Weiterentwicklung, kein Lernen für dich. Nimm diese Erkenntnis mit Demut an.

Ich segne dich im Namen der göttlichen Kraft."

Der violette Energiestrom aus Erzengel Zadkiels Hand versiegt. Wir haben das Gefühl, in höheren Sphären zu schweben, leicht und schwerelos. Unsere Seele ist immer noch voll Glückseligkeit. Alle lebensverneinenden, zerstörerischen Kräfte sind durch lebensbejahende, lichte Energien ersetzt.

Wir legen unsere Hände vor der Brust zusammen und voller Demut und Dankbarkeit verbeugen wir uns vor Erzengel Zadkiel. Die Engelschar zieht uns wieder auf die strahlende Wolke.

Winkend nehmen wir von Erzengel Zadkiel Abschied und schweben durch das Universum, an den Sternen vorbei, langsam der Erde entgegen, zurück in unser Zimmer.
Lachend, winkend und singend verlässt uns die Engelschar und wir sehen sie am Horizont entschwinden.
Wir genießen noch ein wenig diese wundervolle Schwingung.
Wenn wir bereit sind, sammeln wir unsere Gedanken, atmen wieder tiefer ein und aus, nehmen unseren Körper wahr und spüren ganz bewusst den Boden unter unseren Füßen. Wir kommen zurück in das Hier und Jetzt und öffnen wieder unsere Augen.

Wir nehmen den Zettel mit unserer Fürbitte, schneiden die negativen Formulierungen ab und zerreißen oder verbrennen sie als Symbol der Auflösung. Unsere positiv formulierten Wünsche schreiben wir nach unseren neuen Erkenntnissen um, bis wir mit Vorstellung und Gefühl einverstanden sind und uns wohl und voller Freude fühlen.
Diese neuen positiven Verhaltens- und Vorgehensweisen lesen, verinnerlichen und festigen wir täglich mehr, bis wir in der Lage sind, sie voller Begeisterung umzusetzen.
Den violetten Lichtmantel legen wir uns täglich um, um mithilfe dieser Energie unser Leben kraftvoll zu gestalten.

*Alles Gute
das du tust,
sind Werke
deiner Engel,
die deinen Geist
durchleuchten.*

Erzengel Uriel

Erzengel Uriel

„Uri-el": Das Licht Gottes – Das Feuer des Göttlichen

Seine Bedeutung: Frieden, Geben und Empfangen, Dienen

Sein Tag: Freitag

Seine Farbe: Rubinrotgold

Sein Stein: Jaspis

Sein Duft: Lotos

Engel des Friedens

Erzengel Uriel ist Hüter des spirituellen Feuers auf der Erde. Mit seinem rubinrotgoldenen Licht durchdringt er uns, um unser göttliches Bewusstsein zu stärken. Uriel möchte uns in die Segnungen des selbstlosen Dienens einweisen. Er lässt uns die Freude spüren, die wir empfinden, wenn wir anderen Menschen mit unserer Liebe und unserem inneren Frieden dienen, ohne uns aufzuopfern.

Auch uns selbst haben wir zu dienen und uns glücklich zu machen. Geben und Empfangen müssen im Gleichgewicht sein, denn ein Ungleichgewicht macht krank.

Aus seinem rubinrotgoldenen Lichttempel ergießen sich wunderbare Harmonie-Schwingungen zu uns hernieder, die unserem Herzen und unserer Seele tiefen Frieden geben, wenn wir uns an diese Schwingung anschließen.

Frieden kann es nur auf dieser Welt geben, wenn jeder Mensch in sich selbst Frieden trägt und Frieden lebt. Ohne inneren Frieden kann keine bleibende Heilung an Körper, Geist und Seele geschehen. Ohne inneren Frieden kann es keine Besserung von persönlichen Angelegenheiten geben.

Solange wir meinen, noch etwas bekämpfen zu müssen, um die Welt besser zu machen, so lange werden wir keinen inneren Frieden finden. Frieden haben heißt, die Polarität von „Gut" und „Böse" als Lernprozess anzuerkennen und zu lernen, selber den Frieden zu leben, den man sich wünscht.

Der Mensch hat das Großartigste, was es in seinem Leben geben kann, mitbekommen: Er kann lieben.
Hiermit ist nicht nur die Sexualität gemeint, die auch eine Quelle der Liebe darstellt, sondern die Möglichkeit zur allumfassenden, bedingungslosen Liebe. Nur eine Liebe, die frei ist von Bedingungen und Besitzdenken, ist wirkliche Liebe.
Erzengel Uriel ist bereit, uns aus unserer irdischen Begrenzung herauszuführen und unsere Kräfte für eine Veränderung zu mobilisieren. Er unterstützt uns, wenn wir um unsere Liebe kämpfen müssen. Er hilft uns, wenn unsere innere Liebe verloren gegangen und Groll, Wut, Ärger, Kummer, usw. unsere ständigen Begleiter geworden sind.
Uriel ist nicht immer ein sanfter Engel. Er ist bereit, mit uns für etwas Gutes und für die Gerechtigkeit zu kämpfen. Er nimmt uns unsere Last nicht einfach ab, sondern gibt uns die Kraft und das Durchhaltevermögen für Konfliktveränderungen.
Er ist im positiven Sinne zerstörerisch, denn mit Freuden hilft er uns, Wut, Ärger, Groll und Kummer aus unserem Herzen auszumerzen, damit Liebe und Frieden in unser Herz einziehen können.
Er möchte uns die Kraft der Freude zurückbringen, die uns meist bei destruktiven Worten und Taten abhandengekommen ist.
Und er will uns erkennen lassen, dass es nicht reicht, gegen den Krieg zu sein. Wir müssen für den Frieden sein und diesen leben, in der Familie, auf der Arbeit, mit unseren Mitmenschen.
Friede kann aber nur der Mensch leben, der die göttlichen Gesetze anerkennt. Der sich, die Menschen und

die Schöpfung liebt und sich in allumfassender Liebe über alles erhebt und aus dem göttlichen Bewusstsein heraus den Menschen dient, ohne sie unmündig zu machen.

Haben wir keinen Frieden in uns, bekommen wir auch keinen Frieden in unser Umfeld.

Liebevoll will er uns verständlich machen, dass wir uns jederzeit ändern können. Wir müssen nur wissen, was wir wollen.

Die Gedanken und die Sprache des Lebens sind positiv. Zur Verwirklichung unserer Gedanken sollen wir die Macht des Visualisierens einsetzen. Wenn wir uns z. B. vorstellen, dass wir gegen den Krieg sind, dann haben wir das Bild von Krieg, Gewalt und Leid vor Augen, was aber eine Negativvorstellung ist. Unsere Gedanken werden deshalb aggressiv gegen den Krieg und die Kriegsverursacher.

Diese aggressiven Gedanken gehen als Schwingung ins Universum ein und stärken das, was wir eigentlich beseitigen wollen.

Wenn wir Frieden wollen, müssen wir uns Frieden vorstellen und selber Frieden leben. Wir können nichts von anderen erwarten, was wir selber nicht leben. Wenn wir auf das Negative in der Welt schimpfen, stärken wir es.

So ist der Mensch immer wieder Mit-Schöpfer am Geschehen dieser Welt.

Wenn wir diese Tatsache akzeptieren und leben, können sich Frieden, Liebe und Freude in uns ausbreiten und wir werden zum vorbildlichen Diener der Menschen.

Erzengel Uriel ist hier unser großer Helfer. Mit seinem strahlenden, rubinrotgoldenen Licht durchdringt er uns, um unser göttliches Bewusstsein zu stärken, woraus wir Kraft, Mut und Zuversicht schöpfen können.

Aus diesem inneren Gefühl der Kraft heraus sind wir immer mehr in der Lage, selbstbewusst und friedvoll zu agieren. Dann erkennen wir bei erneut auftretenden Herausforderungen, dass es nicht wichtig ist, wie der andere ist, sondern wie wir selbst mit der Situation umgehen.

Wenn wir mit Liebe und Frieden auf alles schauen, werden wir keine Probleme mehr erkennen, sondern nur noch Lernprozesse. Diese gilt es anzugehen und zu lösen, um so mitzuhelfen, das Leid der Welt abzubauen.

Uriel stärkt und schützt uns, wenn wir uns in seine kraftvollen Flügel einhüllen und uns von seiner Liebes- und Friedensenergie aufladen lassen.

In der Geborgenheit seiner Flügel spüren wir eine besondere Gnade. Seine Energie durchleuchtet uns dermaßen, dass andere unser Leuchten wahrnehmen können.

Wir können ihn anrufen, wenn wir inneren Frieden brauchen:

– wenn wir Angst oder Panik haben

– weil wir mit Gott im Zwiespalt liegen

– wenn wir ärgerlich, wütend oder gereizt sind

– wenn wir innerlich in Aufruhr sind

– weil wir mit dem „Bösen" in der Welt hadern

Wir können ihn anrufen, wenn wir Schwierigkeiten mit Geben, Empfangen und Dienen haben:
- wenn wir zu viel geben, nur um geliebt und anerkannt zu werden
- oder weil wir nicht nein sagen können
- wenn wir Dinge nur des zu erwartenden Vorteils wegen machen
- wenn wir nur schwer etwas annehmen können, weil wir uns dann verpflichtet fühlen
- wenn wir nicht großzügig sein können, weil wir meinen, wir bekommen nicht genug zurück

Brauchen wir Erzengel Uriels Hilfe, schreiben wir alles, was uns bedrückt, wo wir keinen Frieden finden oder Probleme haben auf einen Zettel und drücken die negativen Gefühle so realistisch wie möglich aus.

Wenn das geschehen ist, gehen wir in uns und stellen uns die Frage, ob wir wirklich eine Veränderung wollen.

Es kann ja sein, dass wir diesem Frieden nicht trauen, weil wir meinen, ohne Kampf kann es keinen Frieden geben und ohne Bestrafung wird der Mensch sich nicht bessern.
Oder weil wir Angst haben, von anderen Menschen ausgelacht zu werden, wenn wir plötzlich ganz anders reden und agieren.
Oder weil wir der Meinung sind, die anderen Menschen müssen sich ändern, damit sich etwas verändert.
Oder weil es unser Glaube ist, dass das Leben schwer und kein Zuckerschlecken ist und wir uns deshalb ein-

fach nicht vorstellen können, dass sich unsere Situation allein durch anderes Gedankengut verändern könnte.

Sind wir aber bereit, ein Friedensdiener zu werden, um innere Ruhe und Gelassenheit zu finden und um für uns selbst und anderen Menschen eine Freude zu sein, atmen wir dreimal tief durch und schreiben auf, welche Schritte wir unternehmen wollen, damit wir uns innerlich verändern können.

Ganz bewusst gehen wir in die ungewohnte positive Schwingung und schreiben auf, wo wir Erzengel Uriels Hilfe brauchen.

Sind wir mit dem Geschriebenen in innerer Übereinkunft, falten wir den Zettel und legen ihn auf den Altar.

Nun bereiten wir uns auf die Anrufung vor.

Anrufung Erzengel Uriel

Wir waschen unsere Hände und suchen unseren Altar auf, den wir in Rubinrot und Gold, den Farben Uriels, geschmückt haben. Wir stellen eine weiße und eine rote Kerze dazu.

Unsere Fürbitte an Erzengel Uriel liegt ebenfalls auf dem Altar.

Wir entzünden die weiße Kerze und sprechen dazu:

„Ich entzünde diese weiße Kerze und segne das Licht. Ich bitte das Licht, meinen Geist zu erhellen und meine Gedanken im Licht zu halten. Ich rufe die Heerscharen des Himmels und der Erde, diesen Raum zu reinigen und zu segnen, auf dass Licht, Friede und Harmonie allzeit in diesem Raum herrschen. So sei es!"

An dieser weißen Kerze entzünden wir die rubinrote Kerze, die wir für Erzengel Uriel segnen wollen und sprechen dazu:

„Ich entzünde diese rubinrote Kerze für Erzengel Uriel und segne sie zum Zeichen meiner Verbundenheit mit ihm. Möge sein Licht meine Schattenseiten erleuchten und meine Seele die Gnade des inneren Friedens und der inneren Freude erfahren. So sei es!"

Wir stellen die Kerze auf den Altar, setzen uns und nehmen den Stein, den wir für Erzengel Uriel segnen wollen, in unsere linke Hand und legen die rechte Hand darauf. Wir schließen unsere Augen, atmen vertiefter, nehmen den Stein in unserer Hand bewusst wahr, verbinden uns gedanklich mit Erzengel Uriel, den wir uns in einem Rubinrotgold strahlenden Gewand vorstellen und sprechen nun:

„Ich segne und weihe diesen Stein Erzengel Uriel und seinen himmlischen Helferscharen als Band zwischen Himmel und Erde. Mögen sie das Band energetisieren und mir helfen, im Engelbewusstsein zu bleiben. So sei es!"

Wir legen den so gesegneten Stein auf den Altar, können nun eine schöne Entspannungsmusik einschalten und nehmen den Zettel mit unserer Fürbitte in die Hand.

Wir setzen oder knien uns vor unseren Altar, schließen unsere Augen und konzentrieren uns wieder auf unseren Atem. Wir lassen die Atemzüge immer langsamer und tiefer werden und wenn wir innerlich zur Ruhe gekommen sind, stellen wir uns gedanklich wieder auf Erzengel Uriel ein, der unsere Schattenseiten mit seiner kraftvollen Strahlung in ein Lichtermeer von Liebe, Friede und Lebenslust umwandeln soll.

Und wir sprechen:

„Erzengel Uriel, du Friedensbringer, du Hüter des spirituellen Feuers, ich rufe dich an. Komm zu mir und lege deine kraftvollen Flügel um mich. Durchstrahle mich mit deinem wundervollen rubinrotgoldenem Licht, das die Dunkelheit in mir auflöst und mich durch Erkenntnis in ein Leben voller Frieden, Liebe und Harmonie führt. Ich möchte dein Friedensdiener sein. Komm zu mir. Danke!"

Nun stellen wir uns gedanklich vor, wie Erzengel Uriel in seinem strahlenden, rubinrot-goldenem Lichtgewand auf einer goldglänzenden Wolke mit seiner Engelschar zu uns herniederschwebt.

Unser Zimmer weitet sich aus und mit dem Erscheinen von Erzengel Uriel ergießen sich wundersame rubinrotgoldene Lichtströme in unser Zimmer. Wir sind eingehüllt im warmen Lichtmantel des Friedens. Die Engelschar hat sich um uns geschart.

Uriel schaut uns mit unsagbar liebevollen Augen an, tritt zu uns und berührt unseren äußeren Körper, indem er seine Hände an unsere Oberarme legt.

Wir fühlen, wie eine Welle von Licht, Liebe, Frieden und Harmonie durch unseren Körper schwingt und finden uns im Einklang mit dem Universum.

Nun legt er seine Hände auf unseren Kopf und berührt unseren geistigen Körper. Unser Geist strahlt in nie gekannter Klarheit. Die strahlende Lichtenergie verbindet unseren geistigen Körper mit unserem physischen, dem äußeren Körper, bringt beides in harmonischen Einklang, in harmonische Schwingung.

Nun berührt Uriel unser drittes Auge zwischen den Augenbrauen und die Energie fließt in unseren spirituellen Körper, in unsere Seele, die sogleich in rubinrotgoldenem Licht erstrahlt.

Diese rubinrotgoldene Seelenstrahlung umschwingt sanft unseren geistigen und unseren physischen Körper. Geist, Körper und Seele sind zu einer energetischen Einheit verschmolzen, sind eins und spüren die Aktivität reiner göttlicher Liebe und Barmherzigkeit.

Uriel hält seine Hände über unseren Kopf und spricht zu uns:

„Liebes Kind der Erde, ich danke dir, dass du mich gerufen hast und ich dir die Schwingung des Friedens und des inneren harmonischen Gleichgewichts in dein Herz legen darf.
Die Erde braucht Menschen wie dich, die Verantwortung übernehmen und helfen wollen, die Menschen zu stärken und damit den Frieden auf Erden zu festigen. Ich grüße dich und segne dich. Die Liebe Gottes ist mit dir und wirkt jederzeit in dir.
Sage mir nun, was ich für dich tun kann."
Gedanklich übergeben wir Erzengel Uriel den Zettel mit unserer Fürbitte.
Erzengel Uriel umarmt uns und legt seine mächtigen Flügel um uns. Wir verschmelzen mit der Energie des rubinrotgoldenen Lichtes.
Wir fühlen uns wie ein energetisches Kraftfeld. Unser Geist ist nur noch Liebe, Licht und Frieden.

Wir fühlen auf einmal, dass wir in dieser Welt nicht allein gelassen sind, dass wir uns jederzeit bei den Engeln, bei Jesus oder bei Gott selbst, Hilfe holen können.
"Befiel dem Herren deine Wege und er wird's wohl machen" oder "Bittet, so wird euch gegeben".
Diese Bibelaussagen bekommen auf einmal eine unschätzbare Bedeutung.
Wir dürfen sagen, was wir wollen, damit wir bekommen, was wir wollen. Wir brauchen nur zu bitten und dafür zu danken, dass wir bekommen. Danke, Gott, für diese Erkenntnis!
Tiefer Friede breitet sich in uns aus.

Erzengel Uriel spricht nun zu uns:

„Höre gut zu, liebes Erdenkind. Ihr glaubt, es gibt erst Frieden und Gerechtigkeit auf dieser Welt, wenn es allen Menschen gleich gut geht, wenn alle reich, gesund und glücklich sind, wenn es keine Kriege mehr gibt. Könnt ihr dann noch lernen? Gibt es dann noch etwas, nach dem ihr streben wollt, wenn ihr doch alles habt?
Nein. Es würde keine Weiterentwicklung geben.

Öffne die Augen und sieh, dass das scheinbar Negative in eurer Welt euch zur Erkenntnis dienen soll. Gäbe es das Negative nicht, könntet ihr das Gute nicht wertschätzen.
Gäbe es den Krieg nicht, könntet ihr den Segen des Friedens nicht erkennen.
Gäbe es die Erfahrung mit der Armut nicht, könntet ihr das, was ihr besitzt, nicht hochschätzen.
Gäbe es die Krankheit nicht, könntet ihr nicht erkennen, wie kostbar Gesundheit ist und wie ihr mit eurem Körper umzugehen habt.

Erkennst du nun, dass das scheinbar Negative in eurer Welt für euch, für eure Weiterentwicklung, für eure Erkenntnis, für euer Lernen, sehr wichtig ist?

Dann akzeptiere es. Betrachte diese Erkenntnis mit Faszination und lasse es los. Mit dem Akzeptieren dieser Tatsache nimmst du den Widerstand, die Angst, die Verzweiflung und was ihr Menschen noch für Begrenzungen aufbaut, heraus.
Dann spürst du die geistige Freiheit, die aus dieser Akzeptanz entsteht.

Gerade heute hadert ihr damit, dass es so viele hilfsbedürftige Menschen gibt. Ihr macht viele selbst zum Opfer, indem ihr sie „abfüttert".
Ihr sollt den Hilfsbedürftigen dienen und Hilfe zur Selbsthilfe leisten. Doch hütet euch davor, Menschen unmündig, das heißt, zum Opfer zu machen, indem ihr beginnt, ihnen Dinge abzunehmen, die sie gut selber tun könnten. Damit bleiben sie Opfer.

Ich will dir sagen, wie ich es meine: Wenn sich jemand bei dir beklagt, dass es ihm schlecht geht, dass er betrogen wurde und weiteres, gib ihm keine Ratschläge, bringe nichts für ihn in Ordnung, sondern frage ihn erst einmal: "Was gedenkst DU zu tun, um deine Situation zu ändern?"

An der Reaktion auf diese Frage erkennst du, ob der Mensch bereit ist, seine Dinge anzupacken und zu lösen oder ob er Opfer bleiben will und die Lösung seines Problems auf andere Menschen abwälzen will. Sei wachsam!

Viele Menschen sind durch falschverstandene Hilfsbereitschaft selber ruiniert und zum Opfer geworden und beklagen sich dann, dass sie belogen und betrogen wurden. Sie sind somit Täter und Opfer in einer Person!

Tue deshalb nur Gutes, wenn es auch gut ist!

Wälze auch du nie Verantwortung auf andere ab. Frage auch du dich: "Was kann ICH tun, damit sich die Situation verändert?"

Es gibt immer einen Weg.

Hast du ein Problem, dann nimm einen Zettel, begib dich in mein rubinrotgoldenes Licht und fange an, erste positive Lösungsmöglichkeiten aufzuschreiben.

Mein rubinrotgoldenes Licht wird dich, gleich einer aufgehenden Sonne, die täglich die Möglichkeit des Neubeginns signalisiert, stärken und deinen Geist für neues kreatives Denken klären.
Und bedenke noch eins: Geben und Nehmen müssen im Gleichgewicht sein. Wenn du nur hilfst, selbst aber keine Hilfe annehmen oder fordern kannst, bist du im energetischen Ungleichgewicht und kannst krank werden."

Erzengel Uriel berührt mit seiner rechten Hand den obersten Punkt unseres Kopfes.
Unser Geist ist klar und rein. Wir spüren in uns die Kraft und den Mut, anstehende Veränderungen anzugehen, Probleme in Liebe zu lösen, damit wir in geistiger Freiheit leben können. Diese Freiheit spüren wir in unserem ganzen Energiesystem. Wir fühlen die Leichtigkeit des Seins, fühlen uns in Uriels Lichtenergie emporgetragen zu den himmlischen Sphären, wo die Engel Jubellieder für uns singen.

Und Uriel spricht weiter:

„Verändere dein Denkmuster immer mehr zum liebevollen Verstehen. Viele Menschen meinen, negatives Verhalten muss mit negativem Gegenverhalten beantwortet werden.
Doch wie fühlst du dich, wenn du dich beleidigt oder gekränkt verteidigst, dich rechtfertigst, dich erklärst? Gut?

Frage doch lieber zurück: „Kannst du mir bitte erklären, wie du das meinst?"
Wie fühlst du dich, wenn du jemandem Vorwürfe machst?
Gut?
Wie fühlst du dich, wenn dir jemand Vorwürfe macht?
Gut?

Das negative Verhalten anderer Menschen ist eure Überprüfung: Könnt ihr sachlich damit umgehen und Friedensstifter sein? Oder lebt ihr noch „Auge um Auge, Zahn um Zahn?" Richtet ihr euch noch nach den menschlichen Gesetzen oder schon nach den göttlichen?
Lasse dich nicht von Aussagen in die Irre führen, dass der Weg zur Veränderung schwer ist.
Wenn du die Gesetze des Lebens erkannt hast und die Entscheidung triffst, an dir zu arbeiten, um immer mehr in das göttliche Bewusstsein, immer mehr in die Liebe, in das Verstehen, in das positive Agieren zu gehen, ist dein Weg einfach und beglückend.

Beglückend deshalb, weil du hiermit bewusster lebst und so auch ganz bewusst deine geistige Entwicklung miterlebst und deine geistige Freiheit spürst.
Du bist dann nicht mehr Opfer, brauchst fortan nichts mehr zu bekämpfen, weil du den perfekten Plan der Schöpfung erkannt hast.

Hüte dich aber davor, anderen Menschen deine Erkenntnisse mit Worten überstülpen zu wollen. Sei einfach Vorbild im Reden und Handeln.

Setze mit deinem So-Sein ein Samenkorn, welches Früchte trägt. Spreche nur über diese Dinge, wenn der andere fragt. Nimm niemanden seine Freiheit! Mein rubinrotgoldenes Licht birgt die göttlichen Schöpferkräfte. Lass sie in dein Herz fließen.

Lebe aus der Fülle!

Rot ist die Farbe der Liebe. Das Herz ist Sitz der Liebe. In deinem Herzen ist die göttliche Liebe immer als Funke vorhanden, jederzeit bereit, durch dich zur Flamme zu werden.

Fühle dich wie ein leuchtender Stern, der andere Menschen mit seinem Strahlen erfreut und stärkt. Erkenne deine Wichtigkeit auf dieser Welt."

Uriel segnet uns und spricht:

„Vom heutigen Tag an wirst du in der kosmischen Schwingung von Liebe, Frieden, Licht und Harmonie leben.

Wann immer du mich anrufst, werde ich dich in einen mächtigen Schutzmantel hüllen, damit du stets im Licht bleibst und die Kraft hast, Verantwortung zur Veränderung zu übernehmen.

Friede und Segen mit dir, liebes Erdenkind!"

Wir dürfen noch ein wenig in dieser wundervollen Schwingung verweilen und die sanfte Energie genießen.

Dann löst Erzengel Uriel sich ganz behutsam von uns und sein rubinrotgoldenes Licht strahlt und funkelt.

Er verabschiedet sich von uns, indem er seine Hände vor seinem Herzen zusammenlegt. Auch wir legen die Hän-

de vor unserem Herzen zusammen und verneigen uns ehrfürchtig und voller Dankbarkeit vor ihm.
Wir sehen, wie er mit seiner Engelschar auf seiner goldenen Wolke entschwindet, einen rubinrotgoldenen Lichtschweif hinter sich lassend.

Wir sammeln wieder unsere Gedanken, atmen vertiefter ein und aus und kommen zurück in das Hier und Jetzt.
Wir fühlen den Boden unter unseren Füßen, nehmen den Raum wieder wahr, öffnen unsere Augen und genießen die Fülle, die Leichtigkeit des Seins und das Gefühl von Glückseligkeit in uns.

Wir nehmen den Zettel mit unserer Fürbitte, schneiden die negativen Formulierungen ab und zerreißen oder verbrennen sie als Symbol der Auflösung.

Unsere positiv formulierten Sätze überprüfen wir auf ihre Stimmigkeit und schreiben sie voller Motivation, unseren neuen Erkenntnissen entsprechend, um.

Täglich lesen wir diese Sätze mindestens einmal, stellen uns unser neues Verhalten ganz bildhaft vor, damit es zu unserer Wirklichkeit werden kann und setzen es voller Freude immer mehr um.
Stets begeben wir uns zur Stärkung in das rubinrotgoldene Licht.

Engel kommen
aus dem Licht,
um mit dem Licht
unser Leben
zu erleuchten!

Erzengel Jophiel

Erzengel Jophiel

„Jophi-el": Schönheit Gottes – Gott ist meine Wahrheit

Seine Bedeutung: Erleuchtung, Inspiration, Freude, Erwachen, Weisheit, Beständigkeit

Sein Tag: Samstag

Seine Farbe: Goldgelb

Sein Stein: Citrin

Sein Duft: Zitronen-Duft

Engel der Erleuchtung

Erzengel Jophiel ist Träger des goldgelben Lichtstrahls, dessen Leuchtkraft und Fülle uns die Möglichkeiten der irdischen Fülle erahnen lässt. Wie das Gold die Energie des äußeren Reichtums verkörpert, so verkörpert die Energie des goldenen Lichtes unseren inneren Reichtum. Dieser äußert sich in Form von Liebesfähigkeit, auch zu sich selber, Dankbarkeit, Freude, Lernbereitschaft, Weiterentwicklung, Entschlossenheit, Hilfsbereitschaft, Mut, Hoffnung, Glaube an das Gute und an den Erfolg, usw.

So ist Jophiel für uns da, wenn wir die Freude am Leben verloren haben, wenn wir uns in einer ausweglosen Situation befinden, verzweifelt und depressiv sind und neue Impulse für eine Richtungsänderung im Leben brauchen.

Hier können wir uns bewusst mit seiner goldgelben Strahlung verbinden und ihn bitten, unsere Seele wieder zu erhellen, unseren Geist zu erleuchten und unseren Körper mit Licht zu erfüllen, damit wir unsere Situation in einem anderen Licht sehen können und uns das Licht neue Wege weist.

Dies ist die Hauptaufgabe des goldgelben Lichtstrahls. Er soll unseren Lebensweg erhellen, damit wir erkennen, warum wir uns festgefahren haben, wo wir den Weg unserer Weiterentwicklung blockiert haben, wo wir an längst überholten Traditionen festhalten und welche falschen Glaubenssätze uns in die Irre führten.

Jophiel bringt uns mit seiner goldgelben Strahlung eine beglückende Heiterkeit und Freude. Er ist immer bereit, sein warmes Licht in uns einfließen zu lassen, damit wir verzweifelte, hoffnungslose Situationen in einem „anderen Licht" sehen können und dadurch den Weg zurück zu Hoffnung und Umwandlung finden. Er glättet unsere aufgeregten Nerven, beruhigt unsere chaotischen Gefühle und wir bekommen so die Möglichkeit uns neu zu erfinden.

Wir sollen unser Leben mit Begeisterung und Freude führen, denn das bringt uns letztendlich den ersehnten Erfolg. Durchlaufen wir Schule und Beruf ohne Begeisterung und Freude, werden wir stets mit Schwierigkeiten, Blockaden und Überforderungen konfrontiert.

Wenn wir in das goldgelbe Licht eintauchen und uns vorstellen, welche Vielfalt an Möglichkeiten wir haben oder uns erschaffen können, steigen wir in energetisch nie gekannte Höhen auf, steigen in die unbegrenzte Schöpferkraft des Universums ein. Hier bekommen wir neue Impulse für eine Richtungsänderung und so den Antrieb, uns neu zu erfinden.

Die Fülle des goldgelben Lichtes bringt unsere Intelligenz in Bewegung, weckt unseren Verstand, bringt uns mit unserer Kraft und Stärke in Kontakt.

Leben heißt Lernen. Wer aufhört zu lernen, der erstarrt. Das goldgelbe Licht kann mit seiner wärmenden Energie diese Starre auflösen und die Tätigkeit des Geistes wieder aktivieren. Es ermöglicht uns, wieder in den Lernprozess des Lebens einzusteigen, denn nur so können wir weiter wachsen und reifen.

Bei Rückfällen tröstet und stärkt er uns und ermutigt uns, weiterzumachen. Er befindet sich immer an der Seite der Schwachen und Verzweifelten und möchte ihnen vermitteln, dass nur derjenige ein Verlierer ist, der aufgibt.
Er bietet uns Menschen seine goldgelbe Lichtenergie, in die wir vertrauensvoll eintauchen dürfen.
Wir brauchen einfach nur auf sein Licht und seine Liebe lauschen und so lange in uns einströmen lassen, bis wir eine Befreiung spüren, die Energie für neue Taten in uns fühlen und mit der Planung und Umsetzung sofort beginnen wollen.

Wenn wir in die Versenkung gehen und uns gedanklich an Jophiels Energie anschließen, lösen wir unsere weltlichen Begrenzungen und spüren, wie sich unsere Kräfte vervielfachen.
Die goldgelbe Strahlung schenkt uns Erleuchtung für unseren weiteren Lebensweg. Hier werden unsere Ideen zu neuen Entscheidungen geboren.

Halten wir unsere Gedanken im goldgelben Licht, damit wir unsere neu gewonnenen Weisheiten umsetzen können.

Wir können ihn anrufen, wenn wir Freude brauchen:

- wenn wir in dunkler Jahreszeit schwermütig werden
- weil wir unser inneres Licht verloren haben
- wenn wir uns in einer schwierigen Ausnahmesituation befinden
- wenn uns alles sinnlos erscheint

Wir können ihn anrufen, wenn wir Fülle, Weisheit und Erwachen brauchen:

- wenn wir die Verbindung zum höheren Selbst verloren haben
- wenn wir uns selber besser verstehen wollen
- damit wir den Sinn des Lebens erkennen können
- wenn wir mit einem unverdienten Schicksal hadern
- weil wir uns auf den spirituellen Weg begeben wollen

Wir können ihn anrufen, wenn wir Inspiration und Erleuchtung brauchen:

- wenn wir geistige Klarheit bei Prüfungen oder Examen brauchen
- damit wir Wichtiges vom Unwichtigen unterscheiden können
- weil wir andere Menschen besser verstehen wollen
- damit wir unseren Lebensweg aktiv und kreativ angehen können
- damit Erfolg, Glück und Zufriedenheit in unser Leben kommt

Brauchen wir Erzengel Jophiels Hilfe oder Unterstützung, schreiben wir alles, was uns bedrückt, was uns in unserem Leben nicht mehr gefällt oder wo wir uns festgefahren haben, auf einen Zettel und drücken unsere negative Situation so realistisch wie möglich aus.

Wenn das geschehen ist, gehen wir in uns und stellen uns die Frage, ob wir diese Belastungen, diese Begrenzungen, dieses Schicksal, wirklich los sein wollen, oder ob wir sie behalten möchten.

Es kann ja sein, dass wir weiter an der irrigen Meinung festhalten wollen, dass wir nichts Besseres verdient haben, weil unser Zustand eine Strafe für eine schlechte Tat ist.
Oder wir finden den Weg in die Veränderung zu schwer und wollen deshalb lieber so weiter leben wie bisher.
Oder wir zweifeln die Existenz und die Wirkungsweise der Engelenergie an: „Wenn es so einfach ist, warum tun die anderen Menschen es nicht auch?"

Wenn wir aber bereit sind, den Weg in eine positive Veränderung zu wagen, den Schritt ins Licht gehen und unser Leben neu anpacken wollen, atmen wir dreimal tief durch, gehen gedanklich in die „Schöpferenergie" und schreiben unsere gewünschten Zukunftsvorstellungen, unseren gewünschten Zustand, ganz genau und mit energetischer Freude auf, gemäß der Bibelworte:

„Befiel dem Herren deine Wege und er wird's wohl machen."

Wir schreiben auch auf, wo wir Jophiels Hilfe benötigen, weil wir allein nicht weiterkommen. Sind wir mit dem Geschriebenen einverstanden und haben ein gutes Gefühl dabei, falten wir den Zettel und legen ihn auf unseren Altar.

Nun bereiten wir uns auf die Anrufung vor.

Anrufung Erzengel Jophiel

Wir waschen unsere Hände und suchen unseren Altar auf, den wir in der goldgelben Farbe Jophiels geschmückt haben. Wir stellen eine weiße und eine gelbe Kerze dazu.

Der Zettel mit unserer Fürbitte liegt ebenfalls auf dem Altar.

Wir entzünden die weiße Kerze und sprechen dazu:

„Ich entzünde diese weiße Kerze und segne das Licht. Ich bitte das Licht, meinen Geist zu erhellen und meine Gedanken im Licht zu halten. Ich rufe die Heerscharen des Himmels und der Erde, diesen Raum zu reinigen und zu segnen, auf dass Licht, Friede und Harmonie allzeit in diesem Raum herrschen. So sei es!"

An dieser weißen Kerze entzünden wir die gelbe Kerze, die wir für Erzengel Jophiel segnen wollen und sprechen dazu:

„Ich entzünde diese Kerze für Erzengel Jophiel und segne sie zum Zeichen meiner Verbundenheit mit ihm. Möge der goldene Weisheitsstrahl seines Lichtes meinem Geist Erleuchtung und Kreativität schenken und sich in meinem Herzen beglückende Heiterkeit und Freude ausbreiten. So sei es!"

Wir stellen die Kerze auf den Altar, setzen uns und nehmen den Stein, den wir für Erzengel Jophiel segnen wollen, in unsere linke Hand und legen die rechte Hand darauf. Wir schließen unsere Augen, atmen vertiefter, nehmen den Stein in unserer Hand bewusst wahr, verbinden uns gedanklich mit Erzengel Jophiel, der im goldgelben Licht strahlende Engel und sprechen nun:

„Ich segne und weihe diesen Stein Erzengel Jophiel und seinen himmlischen Helferscharen als Band zwischen Himmel und Erde. Mögen sie das Band energetisieren und mir helfen, im Engelbewusstsein zu bleiben. So sei es!"

Wir legen den so gesegneten Stein auf den Altar zurück, können nun eine schöne Entspannungsmusik einschalten und nehmen den Zettel mit unserer Fürbitte in die Hand.

Wir setzen oder knien uns vor unseren Altar, schließen unsere Augen und konzentrieren uns wieder auf unseren Atem. Wir lassen die Atemzüge immer langsamer und tiefer werden und lauschen in uns hinein.

Mit jedem Atemzug lassen wir das Irdische immer mehr los und geben uns ganz der Ruhe hin. Wir spüren tiefe Geborgenheit in der Ruhe und stellen uns nun wieder auf Erzengel Jophiel ein, der uns die goldgelbe Strahlung der Weisheit und Erleuchtung bringt.

Und wir sprechen:

„Erzengel Jophiel, du Engel der Freude, der Weisheit und der Erleuchtung, ich rufe dich an. Komm zu mir und lass dein goldgelbes Licht in mich einfließen. Löse das Dunkle in mir auf und gib mir Klarheit für meinen Lebensweg. Dehne die Aktivität der Liebe in meinem Herzen aus, stärke die Macht meines göttlichen ICH BIN, auf dass ich immer mehr strahlendes Licht werde. Danke, dass du mich erhörst."

Erzengel Jophiel bewohnt einen Tempel aus goldgelb gleißendem Licht, welches das Universum weithin durchstrahlt.
Er schickt uns seine Engelschar auf einer strahlenden Wolke hernieder. Sie helfen uns auf ihre Wolke aus Licht und Liebe und schweben mit uns davon in die unendliche Weite des Universums, an den funkelnden Sternen vorbei.
Das goldgelbe Licht hüllt uns in tiefen Frieden und wir fühlen uns unsagbar wohl und geborgen. Alle irdischen Sorgen und Nöte verblassen. Langsam nähern wir uns dem strahlenden Tempel und die Engelschar schwebt mit uns in den Tempel ein. Sie führen uns zu einem großen, goldenen Sessel, auf dem wir Platz nehmen.
Viele in Licht gehüllte Engel sind um uns herum, lächeln uns an und singen uns zu Ehren. In unserem Herzen fühlen wir tiefe Stille und tiefen Frieden.

Nun kommt ein wunderschöner, goldstrahlender Engel auf uns zu. Erzengel Jophiel schaut uns liebevoll an. Sein goldenes Licht der Erleuchtung und der Weisheit strahlt eine Kraft und Liebe aus, der wir uns nicht entziehen können. Wir fühlen uns sofort in seinen Bann gezogen. So steht er vor uns und spricht zu uns:

„Geliebter Erdenbürger, der du entstanden bist aus der göttlichen Quelle, ich grüße dich und segne dich. Ich heiße dich willkommen in meinem Tempel der Weisheit und Erleuchtung. Ich freue mich, dass du den Weg zu mir gefunden hast. Ich freue mich, dass du mit meiner Hilfe Klarheit für deinen Lebensweg finden willst, dass du deine Begrenzungen und deinen Mangel auflösen und immer mehr in die geistige und somit

in die materielle Freiheit gehen willst. Damit machst du dich zu etwas Besonderem.
Ich gebiete meinen Engeln, dich stets zu begleiten und zu schützen, damit deine Gedanken, die deine Schöpferkraft enthalten, stets im Licht bleiben. Sage mir nun, was ich für dich tun kann."
Überwältigt von seinem Lichterglanz übergeben wir voller Ehrfurcht Erzengel Jophiel gedanklich den Zettel mit unserer Fürbitte.
Er kommt noch näher zu uns heran und wir verschmelzen mit ihm in der goldgelben Lichtstrahlung. Wir sind nur noch Licht.
Es durchdringt, durchfließt und durchströmt uns. Ein nie gekanntes Gefühl von Liebe, Freude und Freiheit steigt in uns auf. Unser Körper, unser Geist, unsere Seele, alles ist Licht.
Wir sind eine strahlende Lichtsäule und spüren trotzdem unsere feste Erdverbundenheit. Das goldgelbe Licht bringt Harmonie in unser Bewusstsein. Wir haben das Gefühl, als würden sich unsere Kräfte vervielfachen. Wir fühlen uns geborgen und erhoben in dieser reinen Schwingung des Lichtes.
Alle vermeintlichen Unvollkommenheiten, mit denen wir haderten, betrachten wir auf einmal mit den Augen der Weisheit.
Alles ist richtig, so wie es ist. Alles ist zu unserem Lernen und zu unserer Weiterentwicklung nötig.
Wir genießen diese wunderbare Schwingung und lassen zu, dass Erzengel Jophiel jede Zelle unseres Körpers mit dieser strahlenden goldgelben Liebe-Licht-Energie auflädt. Wir öffnen uns ganz und gar diesen strahlenden, energievollen Lichtkräften.

Erzengel Jophiel spricht weiter:

„Erkenne, liebes Menschenkind, dass du auf Erden göttliche Aufgaben zu erfüllen hast. Erkenne, dass irdisches Leid und Leiden dich nicht zerstören, sondern dich weiterentwickeln sollen. Wenn in eurem Menschenleben etwas falsch läuft, wenn eure Lebenssituation sich scheinbar festgefahren hat, dann nur, weil ihr eure schöpferische Gedankenkraft falsch eingesetzt habt.

Achte auf deine Gedanken – sind sie positiv schöpferisch oder voller Zweifel?

Ihr Menschen seht die Welt so negativ und das irdische Leben als so schwer an. Wenn ihr so denkt, dann ist es so.

Höre gut zu und vergiss nie, dass du mit deinen Gedanken dein Schöpfer bist – im Positiven, wie im Negativen.

Das können wir Engel euch nicht oft genug sagen. Ihr verurteilt und bewertet, statt zu beobachten, zu lernen und es besser zu machen.

Hast du ein Problem, verbinde dich stets mit meiner Energie und lass in dein Problem das goldgelbe Licht der Klarheit fließen, bis du dein Problem in einem anderen Licht siehst und du auch andere Möglichkeiten beleuchten kannst.

Vertraue deiner Intuition! Suche nach deinen Lösungen und du wirst sie finden.

Bleibe gedanklich in dem goldgelb strahlenden göttlichen Licht, dann bist du geschützt gegen alles Negative und Destruktive. Lass dein irdisches Bewusstsein los

und bleibe in dem göttlichen Liebe-Licht-Bewusstsein. Wie fühlt es sich an?
Kannst du im göttlichen Bewusstsein negativ denken und handeln? Bleibst du in diesem göttlichen Liebe-Licht-Bewusstsein, gehst du immer mehr in die Weisheit und alle Begrenzungen lösen sich auf.

Bleibst du im irdischen, menschlichen Bewusstsein mit all seinen Einschränkungen, dann gehst du immer mehr in die Schwere.
Verstricke dich auch nicht in Schuld- und Schamgefühle.
Es gibt keine Schuld, es gibt nur Lernprozesse. Verzeihe dir selbst und bringe die Dinge wieder in Ordnung.
Übernimm für dein Tun stets die Verantwortung, nur so wirst du Meister deines Lebens.
Erkenne, dass du auf Erden einmalig bist und liebe dich so in deiner Einmaligkeit.

Lass das goldgelbe Licht der Weisheit, der Freude und der Erleuchtung stets in dir leuchten. Bleibe konzentriert in dieser Verbindung. Sie bedarf stets deiner Aufmerksamkeit, sonst geht sie in deiner täglichen menschlichen Tätigkeit wieder verloren.
Sei immer bereit, das goldgelbe Licht auf andere Menschen auszustrahlen. Akzeptiere das Anderssein der Menschen
 Lasse dein Herz und dein Bewusstsein wachsen, denn die Fülle deines Herzens wirkt anziehend auf das Gute."

Wir fühlen uns kraftvoll wie eine strahlende Sonne, eingebunden in die Weisheit des Universums. Wir spüren, dass wir uns mit negativem Denken, Reden und Handeln immer wieder selbst begrenzt haben. Wir nehmen uns vor, uns auch im Alltag immer mehr an die strömende Lichtenergie anzuschließen, um Liebe, Frieden und Harmonie nicht nur in uns einfließen zu lassen, sondern um es auf unser ganzes Umfeld auszustrahlen.

Und wir hören wieder Jophiels Stimme:

„Sei dir also bewusst, mein liebes Menschenkind, dass in dir die unendliche Kraft für alle Erfordernisse deines Lebens angelegt ist. Sie wirkt in dem Maße in dir, wie dein Glaube an sie ist, denn gemäß deinem Glauben wird dir geschehen.

Die Vollkommenheit ruht in dir und je mehr du mit der Liebe eins wirst, desto mehr gehst du in die Vollkommenheit, desto mehr spürst du den Sinn des Lebens in dir. Fühle dich als positiv schöpferischer Geist, der jederzeit anders kann.

Fühle dich nicht als hilfloses Opfer deiner Vergangenheit, damit tötest du deine schöpferischen Kräfte.

Betrachte dein bisheriges Leben. Schau genau hin, was dich belastet hat, sieh es dir an wie einen Film.

Sieh, dass du überwiegend Statist warst, der getan hat, was das Drehbuch anderer Menschen von dir verlangt hat.

Erkenne, was falsch gelaufen ist auf deinem Lebensweg. Schreibe nun dein eigenes Drehbuch des Lebens und gehe Schritt für Schritt in die Selbstbestimmung. Erkenne, wo du selbst agieren musst, um nicht länger das Opfer anderer Menschen zu sein. Agiere aber immer positiv, beim negativen Reagieren machst du dich wieder selbst zum Opfer.

Mit dem positiven Agieren bricht für dich eine neue Freiheit an. Dein vorher getrübter Blick wird klar für das Wesentliche in deinem Leben.
So erkennst du Begrenzungen und religiöse Dogmen, verabschiedest dich davon in Toleranz und Verstehen und richtest dein Augenmerk auf dein inneres Licht und auf deine Liebe zur ganzen Schöpfung.
Gehe hin in Frieden. Meine Hilfe und meine Liebe sind dir immer gewiss und geben dir die tägliche Kraft für deine Erneuerung. Ich segne dich!"

Nun löst sich Erzengel Jophiel von uns und verschließt mit einer Handbewegung auf unserem Kopf den goldgelben Lichtstrahl in uns. Wir fühlen in dieser goldenen Schwingung die Fülle unseres inneren Reichtums. Spüren die stärkende Stille in uns, die diese goldgelbe Flamme der Erleuchtung in uns ausgebreitet hat.

Wir legen unsere Hände vor unserem Herzen zusammen und bedanken uns demütig mit einer Verbeugung. Jophiel verabschiedet uns mit einer Bekreuzigung.
Wir kuscheln uns wieder in die goldgelbe Wolke und die Engelschar bringt uns mit Singen und Lachen durch das Universum zurück zur Erde in unser Zimmer.
Wir verabschieden uns von den Engeln und winkend sehen wir sie in den Wolken entschwinden.
Wir bleiben noch eine Weile in dieser harmonischen Schwingung und lassen die Worte Erzengel Jophiels in uns nachklingen.

Erst wenn wir dazu bereit sind, sammeln wir wieder unsere Gedanken, atmen wieder tiefer ein und aus und fühlen, wie das irdische Bewusstsein in unseren Körper zurückkehrt.

Wir öffnen unsere Augen, kommen zurück in das Hier und Jetzt, recken und strecken uns und genießen das wunderbare Liebe-Licht-Gefühl in uns.

Wir nehmen den Zettel mit unserer Fürbitte, schneiden die negativen Formulierungen ab und zerreißen oder verbrennen sie als Symbol der Auflösung.

Unsere positiv formulierten Vorstellungen schreiben wir nach unseren neuen Erkenntnissen um, bis wir mit Vorstellung und Gefühl einverstanden sind und uns stark und voller Schöpferkraft und Freude fühlen.

Wir wissen, dass wir unentwegt an unserer positiven Weiterentwicklung arbeiten müssen und nehmen dankbar diese Herausforderung an.

Öffne dein Herz,
um deinen Engel
in dein Leben
zu holen,
um selbst wie ein
Engel zu sein!

Nachwort

Ich hoffe sehr, dass die Botschaften der Erzengel alle Leser in ein weiseres und damit glücklicheres Leben führen. Verbinden wir uns nach dem Aufwachen mit dem Erzengel, der uns gerade in den Sinn kommt und lassen uns ganz bewusst von seiner Energie aufladen.

Mit dieser Kraft bekommen wir Mut zur Veränderung und werden immer mehr in die Lage versetzt, den eigentlichen Seelenplan zu verwirklichen. So können wir unser Schicksal mitbestimmen und sind nicht länger Sklave eines nicht gewünschten Lebens.

Wir haben aber ebenfalls die Möglichkeit, uns mit Gott oder Jesus zu verbinden. Auch dort erhalten wir die segensreiche Unterstützung.

Sobald wir unser Gesicht nach oben ins Licht wenden, begeben wir uns in eine andere Schwingung. Wir erheben uns damit über die Geschehnisse in der Welt, sehen unendliche Freiheit und öffnen unseren schöpferischen Geist.

Ein Mensch, der immer nach unten schaut, sieht nur Begrenzungen.

Wenn wir zur Unterstützung auch die entsprechenden Farbstrahlen der Erzengel einsetzen, bauen wir eine strahlende Brücke von Herz zu Herz. Es stärkt die Verbindung zu diesen wunderbaren, unsichtbaren Wesen. Auch sollten wir nicht vergessen, uns jeden Tag für das Gute zu bedanken: „Bittet, so wird euch gegeben. Danket, so liegt der Segen Gottes darauf."

Abends können wir alle Menschen segnen, indem wir gedanklich Liebe und Frieden um die ganze Erde senden, jedem Einzelnen ins Herz. Geben heißt Bekommen und so kehrt diese Liebe-Frieden-Schwingung in unser Herz zurück. Tausendfach verstärkt durch die Kraft des Universums.

Ich wünsche allen Mitmenschen ein engelhaftes Leben!

Abnehmen-
Das Geheimnis des Schlankseins

Erfolgreich in ein „leichteres" Leben

Ursula Kruse

Paperback:
212 Seiten, 14,95 EUR
ISBN: 978-3-7482-5715-8

Hardcover:
212 Seiten, 19,95 EUR
ISBN: 978-3-7482-5716-5

E-Book:
212 Seiten, 4,99 EUR
ISBN: 978-37482-5717-2

tredition-Verlag

Die Autorin leitet seit 20 Jahren erfolgreich Abnehmkurse mit Ernährungsumstellung und Mentaltraining. Während die meisten Abnehmprogramme nur die körperliche Ebene mit Ernährung und Bewegung bedienen, hat sie die Erfahrung gemacht, dass das Abnehmen erst dann anhaltenden Erfolg hat, wenn auch der Geist (positive, schlankmachende Denkausrichtung) und die Seele (liebevolles Gefühl zu sich selbst) mit einbezogen werden.

Gespensterchen Heinzis Abenteuer

Ursula Kruse

Paperback:

97 Seiten, 9,80 €

ISBN:978-3-95631-592-3

Shaker-media-Verlag

Gespensterchen Heinzi wohnt mit Spinne Emma und der Leseratte Max im Turmzimmer der alten Burg Funkelstein im Teutoburger Wald.
Sie spukten nicht nur, an deren Ende die Gräfin in Ohnmacht fiel, sondern verscheuchten Einbrecher auf gruselige Art und machten eine gefährliche Gespenstergang mit einer genialen List unschädlich, die Heinzi aus seiner Burg vertreiben wollte.
Die Kunststudentin Mareike Woltring hat das Buch liebevoll illustriert.